Wayne W. Topping

Stress Release

Verlag für Angewandte Kinesiologie
Freiburg im Breisgau

Titel der amerikanischen Originalausgabe:
Stress Release
© Wayne W. Topping, Ph. D., 1985

CIP-Titelaufnahme der Deutschen Bibliothek

Topping, Wayne W.:
Stress release/Wayne W. Topping. [Aus dem Amerikan. von
Tibor Prekopp]. – 3. Aufl. – Freiburg im Breisgau: Verl. für
Angewandte Kinesiologie, 1991
    Einheitssacht.: Stress release < dt. >
    ISBN 3-924077-04-5

© Verlag für Angewandte Kinesiologie, Freiburg 1986
3. Auflage: 1991
Aus dem Amerikanischen von Tibor Prekopp
Umschlag: Helga Petres-Lesch
Lektorat: Susanne Degendorfer
Gesamtherstellung: Rombach GmbH Druck- und Verlagshaus,
Freiburg im Breisgau
Printed in Germany
ISBN 3-924077-04-5

Inhalt

Dank

Mein Dank gilt Dr. John Thie und Dr. Mary Marks für ihr Buch „Touch for Health", das mich in das Gebiet der ganzheitlichen Medizin eingeführt hat. Mein Dank gilt auch meinen Freunden John und Margaret Barton, die mich in Biokinesiologie unterrichtet haben. Ich habe Eure jahrelange Forschungsarbeit und Eure Bereitschaft, diese Informationen und Euch selbst zu geben, wirklich zu schätzen gewußt. Ein herzliches Dankeschön an die vielen hundert Freunde, die ich im Rahmen meiner „Touch for Health"– und Biokinesiologie-Arbeit auf der ganzen Welt kennengelernt habe.

Den Hunderten von Klienten aus der Gegenwart und der Vergangenheit: Ich bin überzeugt, daß Ihr dieses Buch sehr wertvoll findet. Viele von Euch haben mit oder ohne Wissen zur Entwicklung unserer neuen Methoden mit der Technik zur Befreiung von emotionalem Streß und anderen Techniken zu arbeiten, beigetragen. Dank gebührt Michael Erickson für seine humorvollen Cartoons, die ein wenig Auflockerung in ansonsten ernste Lektüre bringen. Ich habe Deine Kunst seit Mitte der siebziger Jahre bewundert, seit Du Deine mit Cartoons gespickte Geologie-Examensarbeit einreichtest.

Ein aufrichtiges Dankeschön an meine liebe Frau Bernie für ihren Beistand in allen Phasen der Arbeit an diesem Buch und für das Tippen, mit der Unterstützung von Patty Englander. Bernie hat diese Techniken mehr als jeder andere, den ich kenne, angewendet und einige wundervolle Veränderungen ausgelöst.

Zitate aus „Dietary Goals for the United States", herausgegeben vom „Select Committee on Nutrition and Human Needs of the United States Senate im Jahre 1977. Druck: U.S. Government Printing Office". Ein öffentliches Dokument. Die Beschreibung und Darstellung der Organ-Reaktionspunkte und die Aufführung der positiven sowie negativen Emotionen wurde mit freundlicher Genehmigung übernommen vom „Biokinesiology Institute" P.O. Box 910, Monticello, Utah 84535.

Besonderer Hinweis

Die in diesem Buch beschriebenen Verfahren und Techniken dienen allein der Fortbildung. Der Verfasser und das „Topping International Institute" verstehen weder direkt noch indirekt irgendeinen Teil dieses Buches als Diagnose oder Rezept für irgendeine Krankheit. Wann immer jemand annimmt, daß er die Behandlung einer im Gesundheitsbereich ausgebildeten Person benötigt, ermutigen wir ihn dazu, seinen approbierten Chiropraktiker, Osteopathen, Heilpraktiker, praktischen Arzt, Zahnarzt, Optiker oder Psychologen aufzusuchen. Personen, die diese Testmethoden und Korrekturverfahren anwenden, tun dies gänzlich auf eigenes Risiko.

Einleitung

Wie werden Historiker die siebziger und achtziger Jahre beschreiben? Legt man die Technologie des Menschen zugrunde, könnte man sagen, daß das Atom-Zeitalter in das Raumfahrt-Zeitalter überging und letzteres wiederum vom Computer-Zeitalter abgelöst wurde.

Berücksichtigt man jedoch andere Faktoren, könnte man auch versucht sein, andere Bezeichnungen zu wählen. Gegenwärtig werden in Amerika pro Jahr über 23,7 Milliarden Dollar für Medikamente ausgegeben. Siebenundreißig Millionen Amerikaner verbringen jedes Jahr eine gewisse Zeit im Krankenhaus. Jeden Tag gehen 2,8 Millionen Amerikaner zum Arzt. Sechs Millionen werden von chronischer Migräne geplagt. Siebenundzwanzig Millionen leiden an Arthritis, 5,5 Millionen an Diabetes und sechsundzwanzig Millionen an hohem Blutdruck. Fast die Hälfte aller Amerikaner leidet an zumindest einer chronischen Krankheit oder Behinderung.

Es gibt heutzutage sechsjährige, die Selbstmord begehen. Welche Tragik steckt in der Tatsache, daß kleine Kinder, die noch nicht einmal wissen, was Leben überhaupt bedeutet, so von Hoffnungslosigkeit, Kraftlosigkeit und einem Gefühl der Nutzlosigkeit geplagt werden, daß sie sich das Leben nehmen. Selbstmord bei Kindern und Jugendlichen wird jetzt als „Epidemie der achtziger Jahre" beschrieben.

Die Zubereitung von Nahrung ist für uns zunehmend einfacher geworden. Fünfundfünfzig Prozent dessen, was die Amerikaner heute essen, besteht aus Nahrungsmitteln, die aus Gründen der Bequemlichkeit schon behandelt worden sind. Wir verfügen über zunehmend mehr Freizeit und können uns damit immer mehr Aktivitäten widmen. Doch wir sind deshalb nicht glücklicher. Unser Wissen erweitert sich in schwindelerregendem Tempo. Neunzig Prozent aller Wissenschaftler, die je gelebt haben, leben in der heutigen Zeit. Doch gleichzeitig mit unserem erhöhten Wissensstand hat sich auch das Spektrum der menschlichen Probleme erweitert. Unser erhöhter Wissensstand hat nicht zu einer Steigerung des Glücksgefühls und zu Streßreduzierung geführt. Warum? Dr. Phillip Lee, Professor für Sozialmedizin und Leiter des „Health Policy Program" an der Universität San Francisco, Kalifornien, sieht das Problem folgendermaßen: „Als Nation sind wir zu dem Glauben gelangt, daß die Medizin und die dazugehörige Technologie unsere bedeutenden Gesundheitsprobleme lösen können. Die Rolle, die solch bedeutende Faktoren wie die Ernährung bei Krebs- und Herzerkrankungen spielen, ist lange Zeit deswegen nicht erkannt worden, weil die Eroberung dieser Krankheiten durch die Wunder der modernen Medizin im Vordergrund stand. Behandlung, nicht Vorbeugung lautete die Maxime. Die Probleme können aber nie allein durch ständig zunehmende medizinische Fürsorge gelöst werden. Die Gesundheit des Einzelnen und die Gesundheit der Bevölkerung werden von einer Vielzahl von biologischen, behavioralen, soziokulturellen und umweltbedingten Faktoren beeinflußt." („Eating in America", Report of Select Committee on Nutrition and Human Needs, U.S. Senate, 1977)

Es wird allgemein erkannt, daß keine bedeutenden Fortschritte bei dem Versuch, die Epidemie der chronischen Krankheiten zu bekämpfen, zu verzeichnen sind. Immer mehr Ärzte gehen auf Distanz zur „American Medical Association" und beginnen, Ideen aus dem Bereich der holistischen Gesundheitspflege in ihre Arbeit zu integrieren. Eine Paradigmenverschiebung findet im Moment statt: nicht mehr der Arzt, der alles weiß, steht im Vordergrund, sondern das Individuum (nicht Patient), das die Verantwortung für seine Gesundheit übernommen hat und mehr an Vorbeugung als an Intervention bei Krisen interessiert ist. Wie kommt es zu diesem Bewußtseinswandel? Weil wir erkannt haben, daß die Ursache unserer Krankheit in der Verletzung der physischen Gesetzmäßigkeiten liegt, nach denen unser menschlicher Körper funktioniert. Wenn man von einem Gebäude springt, lernt man sehr schnell das Gesetz der Schwerkraft kennen. Ebenso zieht ein Mangel an Schlaf und Ruhe, an körperlicher Betätigung, frischer Luft, sauberem Wasser, nahrhafter Nahrung und guter emotionaler Gesundheit eine Bestrafung nach sich. Diese Belastung des Körpers (Streß) produziert eine herabgesetzte Widerstandskraft und führt zu unzähligen Schmerzen und Krankheiten. Wir holen uns bei den Ärzten Medikamente, welche die Symptome unterdrücken und unsere Gesundheit wiederherstellen sollen. Was aber unseren Körper aus dem Gleichgewicht gebracht hat, haben wir nicht geändert. Deshalb ist es auch nicht fair, die Mediziner zu beschuldigen und ihnen vorzuwerfen, sie hätten es nicht geschafft, uns gesund zu halten und dem Ansturm der chronischen Krankheiten vorzubeugen — Herzleiden, hoher Blutdruck, Diabetes, Fettleibigkeit, Krebs-Krankheiten, die gegenwärtig epidemisch in unserer Gesellschaft auftreten.

Es wird Zeit, daß Vorbeugung und Gesundheit die Stelle von Intervention und Krankheit einnehmen. Dies bedeutet nicht, daß die moderne Medizin überflüssig ist. Dies bedeutet vielmehr, daß wir unser Bewußtsein erweitern und Verantwortung für unsere Gesundheit übernehmen und uns an Behandler wenden — seien sie im medizinischen, osteopathischen, chiropraktischen, naturheilkundlichen oder ganzheitlichen Bereich oder als Psychotherapeuten tätig; sie werden mit uns arbeiten und uns führen, wenn wir beginnen, die Zahl der Gesundheitsgesetze, die wir verletzen, zu verringern.

An dieser Stelle setzt dieses Buch an. Es gibt schon viele Bücher auf dem Markt, die die verschiedenen Aspekte von Streß behandeln. Einige beschäftigen sich mit körperlicher Fitness, körperlicher Betätigung und den Problemen, die aus einem Mangel an Training resultieren, viele Bücher thematisieren die Ernährung und zeigen uns, wie wir uns mit den modernen, in hohem Maße raffinierten und behandelten Nahrungsmitteln selbst zerstören, viele andere beschäftigen sich mit den psychologischen, emotionalen und spirituellen Aspekten unseres Daseins. Offensichtlich ist es ein weitreichendes Thema, und ich beabsichtige nicht, alle Aspekte der Streßreduzierung abzudecken. Dieses Buch hat auch einige Abschnitte über Ernährung und körperliches Training, doch sollen diese nur einen Anstoß in die richtige Richtung geben, und ich möchte es Ihnen sehr ans Herz legen, sich in diesen Bereichen weiterzubilden. Die Hauptbetonung soll in diesem Buch jedoch auf der Darstellung einer Reihe von einfachen, aber sehr effektiven Techniken zur Linderung von emotionalem Streß liegen.

Eine meiner ersten Einführungen in den Bereich der ganzheitlichen Gesundheit erhielt ich 1976 in Pasadena, Kalifornien, durch die Teilnahme an einem Grundkurs in „Touch for Health". Ein Freund hatte mir von Chiropraktikern berichtet, die anhand von Muskeltests feststellen können, welche Vitamine und Mineralien der Körper braucht. Da ich als Geologieprofessor nach wissenschaftlichen Methoden arbeitete, war ich sehr skeptisch, ich war aber auch offen und neugierig genug, zu einer freien Vorlesung über Muskeltests zu gehen. Ich war beeindruckt! Bis zum Sommer 1977 nahm ich an den Kursen teil, die Voraussetzung für die Anerkennung als „Touch for Health"-Instruktor sind. Ich hielt „Touch for Health"- Kurse ab, während ich weiter als Geologieprofessor am „Ambassador College" in Pasadena, an der „University of Oregon" in Eugene und schließlich an der „Western Washington University" in Bellingham tätig war. Nebenbei besuchte ich Kurse über Ernährung, Naturheilkunde, Iridologie, Fußreflexzonenmassage, schwedische Massage, Sportmassage, Anatomie und Physiologie, organische Chemie etc.. Da mein „Hobby", ganzheitliche Gesundheit, mehr und mehr Zeit in Anspruch nahm, wurde es immer offensichtlicher, daß ich mich zwischen ihm und der Geologie zu entscheiden haben würde. Ich entschied mich für die ganzheitliche Gesundheit und für das „Biokinesiology Institute" in Süd-Oregon als Ausbildungsstätte. Nun, nachdem ich auf einige Jahre Arbeit auf dem Gebiet der ganzheitlichen Gesundheit zurückblicken kann, stelle ich fest, daß einige der einfachsten Techniken sehr häufig für die Klienten die hilfreichsten sind. Die Methode zur Befreiung von emotionalem Streß die in den Touch-for-Health-Grundkursen gelehrt wird und die im „Touch for Health" Arbeitsbuch weniger als eine Spalte einnimmt, ist eine dieser Techniken. Hunderte unserer Klienten haben sie in Verbindung mit einigen anderen, in diesem Buch beschriebenen Techniken erfolgreich angewandt, um sich von negativen Ernährungsgewohnheiten und Denkweisen loszusagen, ihren emotionalen Streß zu reduzieren, Schmerzen, die von Jahren zurückliegenden Unfällen herrühren, zu lindern, Lernbehinderungen zu überwinden etc.. Die Technik zur Befreiung von emotionalem Streß und andere hier beschriebene Techniken sind so einfach, daß sie auch aus einem Buch erlernt werden können und ich bin der Meinung, daß die Notwendigkeit für eine weite Verbreitung dieser Techniken besteht.

Das in diesem Buch beschriebene Testen von Muskeln wurde so einfach wie möglich dargestellt. Für diejenigen von Ihnen, die es anwenden können: großartig, Sie werden es sehr nützlich finden. Für diejenigen, die allein leben und niemanden zum Testen haben: die meisten Techniken können auch ohne Muskeltest angewandt werden. Sie können aber auch einen Therapeuten aufsuchen, der mit der Angewandten Kinesiologie vertraut ist.

Transformation: Die Bequemlichkeitszone oder Risiko und Belohnung

Bei unserer Arbeit fällt uns auf, daß viele Klienten Schwierigkeiten haben, an ihren Emotionen zu arbeiten und viele sich der Änderung ihrer Ernährungsgepflogenheiten widersetzen. Selbst wenn wir die Notwendigkeit von Veränderung erkennen, weigern wir uns, diese Veränderungen vorzunehmen. Wenn es um Veränderungen in unseren Ernährungsgewohnheiten geht, kommen uns Gedanken wie „Was werden meine Freunde von mir denken? Werde ich noch in mein Stammlokal essen gehen können? Emotionen wirken noch bedrohlicher: „Wenn ich mit diesen positiven Emotionen arbeite und meine Gesundheitsprobleme verschwinden, so muß ich annehmen, daß meine negativen Gedanken und Gefühle das Problem verursacht haben. Ich habe gehört, daß jeder von uns Reaktionen und Gefühle in jeder Situation selbst bestimmen kann. Ich glaube aber nicht, daß ich bereit bin, daraus zu schließen, daß ebenso wie meine positiven Gedanken den Heilprozeß unterstützen können, mein negatives Denken meine Probleme auslösen könnten. Denn sobald ich diese Schlußfolgerung ziehe, liegt die Entscheidung, ob ich Verantwortung für meine Gedanken und Gefühle übernehme, bei mir. Das ist schwer. Wenn ich nicht mit meinen Emotionen arbeite, kann ich diese Entscheidung sicher vermeiden." Deshalb ist die von vielen getroffene Entscheidung nur ein Lippenbekenntnis, und sie beschäftigen sich nicht wirklich mit ihren Gefühlen. Je mehr unsere linke Gehirnhälfte dominiert, je mehr wissenschaftlich (sprich skeptisch) wir denken, desto unwahrscheinlicher wird es, daß wir uns mit unseren Emotionen beschäftigen. Warum? Weil Veränderung Angst auslöst. Wir fürchten uns vor dem Ungewissen, das darin steckt. Veränderung beinhaltet eine Paradigmen-Verschiebung. Ihr Weltbild ist ein Paradigma. Es ist Ihre Art zu denken, und es unterscheidet sich vom Paradigma eines jeden anderen, weil Ihre Sicht der Welt von Ihren Erfahrungen, die sich von den anderen unterscheiden, geformt wurde. Sie mögen festgestellt haben, daß Sie einen Teil Ihres Paradigmas nicht mögen. Vielleicht möchten Sie es verändern, doch die Angst davor lähmt Sie, und Sie lassen es deswegen. Wenn Sie sich in dieser Situation befinden, erhalten Sie hier den Schlüssel, mit dem Sie sich befreien können. Wenn Sie einen Teil Ihres persönlichen Lebens verändern möchten, müssen Sie Ihr altes Paradigma aufgeben, und dies muß geschehen, bevor Sie sich sicher in Ihrem neuen Paradigma fühlen. In einer Vorlesung während des „Touch for Health"-Jahrestreffens, das im Juli 1984 an der Universität von San Diego stattfand, verglich Dr. Richard Byrne, früher Dekan an der „Communication School" der „University of Southern California", diese Paradigma-Verschiebung mit einem Trapezakt. Wenn Sie von einer Trapezstange zur anderen überwechseln wollen, müssen Sie die eine erst loslassen und durch die Luft fliegen, bevor Sie die andere ergreifen können. Es gibt keine Leiter. Es gibt vielleicht kein Sicherheitsnetz. Es gibt vielleicht nichts. Und das Ganze ist angsterregend. Sie müssen durch den Raum fliegen, um von einer Stange zur anderen zu gelangen. Ähnlich können Sie auch nicht von einem Paradigma zum anderen wechseln, ohne den dazwischenliegenden, unsicheren Raum überbrücken zu müssen. Wenn Sie also auf Sicherheit aus sind, können Sie keine Veränderung vornehmen. Veränderung impliziert Risiken. Je größer das Risiko, desto größer die potentielle Belohnung. Wir können uns wie die meisten Menschen verhalten und den Weg des geringsten Widerstandes gehen, indem wir immer im Trott bleiben. Oder wir können es wagen, anders zu sein, und das kalkulierte Risiko auf uns zu nehmen. Anstatt Krisen können wir Gelegenheiten sehen, anstatt Stolpersteine können wir Trittsteine zum Erfolg sehen. Wenn Sie deshalb erkennen, daß Ernährungsgewohnheiten, Verhaltensweisen oder negative Gefühle Funktionsstörungen bei Ihnen auslösen, so sollten Sie das Risiko auf sich nehmen, sich vom Alten loszusagen, und Ihre Veränderung heute beginnen. Dieses Buch ist für Sie.

Kapitel 1
Was ist Streß?

Wir hören von vielen Fachleuten, daß wir unseren Streß reduzieren müssen. Das hört sich einfach und großartig an. Wahrscheinlich werden Sie sich jedoch fragen: „Wo fange ich an?" Sie fühlen sich hilflos und nicht informiert bei der Frage, was Streß eigentlich genau ist. Ihnen wird klar, daß Sie, bevor Sie Ihren Streß reduzieren können, erst wissen müssen, was Streß ist, worin sein Zweck liegt, was passiert, wenn er ein zu großes Ausmaß annimmt, wie wir verhindern können, daß er größer wird, und wir den Streß, unter dessen Last wir schon leiden, lindern können.

Es gibt verschiedene Definitionen von Streß. Die vielleicht am weitesten akzeptierte Definition ist die von Hans Selye, dem weltbekannten Biologen, der sein Leben dem Studium der Streßphysiologie gewidmet hat. Er definierte *Streß* als „nicht-spezifische Reaktion des Körpers auf jede an ihn gerichtete Anforderung." Es gibt eine Reihe von „Stressoren", die im Körper Streß hervorrufen. Unterschiedliche Streßfaktoren haben unterschiedliche Wirkungen, z.B. zittern wir bei Kälte, während uns Hitze zum Schwitzen bringt; beide Streßauslöser verlangen jedoch vom Körper, die Balance wiederherzustellen. Diese Wiederanpassung ist nicht-spezifisch. Jeder Streßfaktor hat sowohl einen spezifischen als auch einen nicht-spezifischen Effekt auf den Körper. Die meisten von uns machen den Fehler anzunehmen, daß Streß nur aus negativen Situationen resultiert. Ein angenehmes Ereignis wie eine Hochzeit erfordert jedoch auch eine Anpassung des Körpers. Dr. Selye prägte für den positiven Streß den Begriff „Eustress". Viele Leute gebrauchen fälschlicherweise den Begriff Streß, wenn sie nervöse Spannungen meinen. Sicherlich stellte Dr. Selye in seinen Experimenten fest, daß die psychischen Stressoren, die unangenehmen Emotionen, die größten Streßfaktoren sind. Es ist aber auch alles, was eine Anpassung des Körpers erfordert, ein Streßfaktor. Deshalb sind Zigaretten, Alkohol, schlechte Ernährung oder unangemessenes Training Streßauslöser, und wir können folglich den Streß des Körpers reduzieren, wenn wir diese negativen Aspekte unseres Lebensstils eliminieren. In späteren Kapiteln werden wir jeden dieser Faktoren eingehend behandeln. Wahrscheinlich haben Sie mittlerweile erkannt, daß unser Ziel nicht die völlige Ausschaltung von Streß ist (völliges Freisein von Streß würde Tod bedeuten)! Unser Ziel liegt vielmehr darin, ihn auf ein Minimum zu beschränken und mit ihm effizient umzugehen. Wenn wir bei jeder Mahlzeit zu viel essen, erzeugen wir mehr physischen Streß als notwendig. Jedesmal, wenn wir im Spiegel unsere breite Taille sehen, vergrößern die dabei entstehenden Gefühle unsere Streßbelastung. Dieses Buch enthält genaue Beschreibungen von Techniken, mit denen wir unsere destruktiven Gewohnheiten verändern können, so daß wir nicht länger die negativen Gefühle entwickeln, die uns zum Kühlschrank treiben und so das Problem noch vergrößern. Wir werden uns auch nicht mit Streßsituationen aus der Vergangenheit beschäftigen, damit die gegenwärtigen Streßfaktoren nicht die frühere Reaktion auslösen. Die Technik zur Befreiung von emotionalem Streß ist dabei ein ausgezeichnetes Hilfsmittel.

Zwei Analogien sollen die Beziehung zwischen Streß und Krankheit verdeutlichen. Die meisten von uns kennen aufblasbare Puppen mit abgerundeten Unterteilen: wenn man diesen Puppen einen Stoß gibt, pendeln sie in die vertikale Position zurück. Die vertikale Position stellt die Balance des einzelnen Menschen dar. Was die Puppe aus der vertikalen Position bringt, ist ein Stressor; dabei bringen einige Stressoren die Puppe stärker, andere weniger stark aus dem Gleichgewicht. Streß ist vergleichbar mit der Energie, die benötigt wird, um die Puppe wieder in die vertikale Position zu bringen. Je größer die Abweichung von der Normalposition ist, desto größer ist die Wirkung des Streßfaktors auf den Menschen. Unter normalen Umständen kann der Körper recht gut selbst das Gleichgewicht wiederherstellen. Wenn jedoch der Stressor oder eine Kombination von Stressoren eine stärkere Wirkung hat, wird die betroffene Person, wie die Puppe, zu weit aus der Normalposition gestoßen und ist nicht sofort fähig zurückzupendeln. Sie wird dann krank, und kann im schlimmsten Fall vielleicht sogar sterben. Die zweite Analogie bezieht sich auf eine junge Pflanze, die von einer täglichen Menge Wasser abhängig ist. Wenn sie kein Wasser erhält, wird sie welk. Gibt man ihr jedoch früh genug Wasser, wird der Stressor, der Wassermangel, ausgeschaltet, und die Pflanze kann ihr verlorenes Gleichgewicht wieder gewinnen. Wenn jedoch der Stressor über längere Zeit wirkt, kann das Wässern zu spät kommen, die Pflanze ist nicht mehr fähig, positiv zu reagieren, und stirbt. Inwiefern gilt dies auch für uns Menschen?

In seinem sehr lesenswerten Buch „Stress Without Distress" beschreibt Selye drei verschiedene Phasen im Stresszyklus. In der *Phase der Alarmreaktion* reagiert der Körper auf den Stressor, indem er sich in Alarmbereitschaft versetzt. Die Widerstandskraft wird vermindert, und wenn diese Verminderung zu stark wird, kann die Person sogar sterben. Dies ist die „Fight or Flight" (Kampf oder Flucht)-Reaktion, auf die wir noch näher eingehen werden. Als nächstes folgt die *Phase der Resistenz*, in der als Folge das dem Stressor längeren Ausgesetztseins der Körper seine Widerstandskraft über das normale Maß hinaus steigert. Die letzte Phase ist die *Phase der Erschöpfung*, in der unser Körper nicht mehr die Energie aufbringt, die Anpassung an den Stressor fortzusetzen; es zeigen sich Anzeichen streßbezogener Krankheiten, die bis zum Tod führen können. Selye beschrieb seinen Drei-Phasen-Zyklus als Allgemeines Anpassungssyndrom (AAS) und verglich es mit den drei Phasen des menschlichen Lebens: „der Kindheit (mit ihrer charakteristisch niedrigen Widerstandskraft und ihren exzessiven Reaktionen auf jede Art von Stimulus), dem Erwachsenenalter (während dieser Zeit hat die Anpassung an die am häufigsten auftretenden Stimuli stattgefunden und die Widerstandskraft ist erhöht) und schließlich dem Greisenalter (gekennzeichnet vom irreversiblen Verlust der Anpassungsfähigkeit und letztendlicher Erschöpfung), das mit Tod endet." („Stress Without Distress", S. 26). Selye nannte die Energie, die für die Anpassung an den Stressor benötigt wird, *Adaptionsenergie*. Nach seiner Theorie wird jeder Mensch mit einer genetisch vorbestimmten Menge Adaptionsenergie geboren. Es wird für unwahrscheinlich gehalten, daß wir unser zugeteiltes Potential an Adaptionsenergie während unseres Lebens vergrößern können. Unter dem Einfluß intensiven Stresses treten die Phase der Alarmreaktion, der Resistenz und der Erschöpfung in rascher Folge ein. Bei angemessener Ruhe können wir uns von der Phase der Erschöpfung erholen. Es scheint dabei zwei Arten von Adaptionsenergie zu geben: eine oberflächliche, leicht verfügbare, ersetzbare Energie und eine tiefer liegende Energie, die sicher gespeichert wird als Reserve, mit der die oberflächliche Energie erst nach einiger Ruhe oder aktiver Erholung aufgefüllt werden kann. Schließlich schöpfen wir alle Speicher der tiefer liegenden Energie aus, werden senil und sterben. Der durch den Streß verursachte Verschleiß des Körpers führt allmählich zu einer Ansammlung unauflösbarer Abfallprodukte wie schwere Kalziumablagerungen in Arterien oder Gelenken, der Linse des Auges und „Alterspigmenten". Nach Auffassung von Selye machen diese chemischen Narben das Altern aus. Folglich können wir selbst bestimmen, wie schnell wir altern. Viel hängt dabei von unserer Einstellung und unseren emotionalen Reaktionen ab. Wenn unsere Arbeit Spaß bereitet, können wir sehr hart arbeiten und dabei Stress (Eustress) erzeugen: es entsteht jedoch — wenn überhaupt — wenig negativer Streß. Wenn wir frustrierende Arbeiten verrichten, wird der größte Teil unseres Stresses negativer Art sein. Verglichen mit dem letzteren verursacht der erstere sehr wenig chemische Narben. Die Technik zur Befreiung von emotionalem Streß ist eine sehr wertvolle Hilfe bei der Reduzierung des Stresses, dem Sie Ihren Körper aussetzen. Streßsituationen wie eine schlechte Ehe, Erziehungsprobleme mit Kindern, ein von Konkurrenzdenken geprägter Beruf, sie alle verursachen einen schnellen Verlust von Adaptionsenergie und beschleunigen den Alterungsprozeß. Wenn wir zuviel Streß, d. h. zu viele Lebensveränderungen zu schnell herbeiführen, kann dies zu Krankheiten führen. Thomas H. Holmes und Richard Rahe von der „University of Washington School of Medicine" haben eine Einstufungsskala für soziale Neuanpassung entwickelt; auf dieser Skala wurden Punkte für Lebensveränderungen festgesetzt, je nachdem wie stark die Veränderungen die Gesundheit beeinflußten. So wurde z. B. für den Tod eines Ehepartners ein maximaler Wert von 100 „Lebensveränderungseinheiten" festgesetzt, eine Scheidung wird mit 73 Einheiten angegeben, bis hinunter zum Strafzettel wegen Falschparkens, dem 11 Einheiten zugeschrieben werden. Holmes und Mitarbeiter haben nachgewiesen,daß die Wahrscheinlichkeit des Auftretens von streßbedingten Krankheiten umso höher ist, je höher der erzielte Wert liegt. Nachdem sie Tausende von Personen untersucht hatten, kamen sie zu dem Schluß, daß die Akkumulierung von mehr als zweihundert Einheiten in einem Jahr mehr als das ist, was der Durchschnittsamerikaner ohne Veränderung des Gesundheitszustandes (Krankheit, Operation, psychische Störung oder Schwangerschaft) hinnehmen kann. Die Ereignisse im Leben mit ihren Lebensveränderungseinheiten werden im folgenden aufgeführt; Sie sollen erstens eine Vorstellung davon bekommen können, wo Sie selbst stehen, und zweitens über einen Themenkreis für die Technik zur Befreiung von emotionalem Streß verfügen.

Anwendung

Addieren Sie die Lebensveränderungseinheiten für Lebensereignisse, die innerhalb von 2 Jahren stattgefunden haben.

0—149 Keine bedeutenden Probleme
150—199 Leichte Lebenskrise (33% Chance einer Krankheit)
200—299 Mäßige Lebenskrise (50% Chance einer Krankheit)
300— Bedeutende Lebenskrise (80% Chance einer Krankheit)

Entnommen aus: Wolfe, Susan Wise, „Avoid Sickness — How Life

Changes Affect Your Health", „Family Circle" Mai, 1972, S. 30ff. Diese Einstufungsskala wurde mit Genehmigung übernommen aus: „Social Readjustment Rating Scale" von T.H. Holmes und R.H. Rahe, „Journal of Psychosomatic Research", 1967.

Jetzt können wir näher untersuchen, was mit dem Körper während des Streßzyklus passiert. Der Hypothalamus ist das erste Organ, das von einem Stressor beeinflußt wird. Dieser Teil des Gehirns befindet sich an der Basis des Schädels, in der Nähe der Spitze des Hirnstammes, und scheint viele der Triebe wie z.B. Hunger, Sexualität, Schlaf, Vergnügen zu kontrollieren. Bei unserer biokinesiologischen Arbeit haben wir festgestellt, daß eine Unausgeglichenheit des Hypothalamus mit dem Verlangen nach und Abhängigkeit von Süßigkeiten, Alkohol, Drogen und Sex zusammenhängt. Der Hypothalamus wird, so nimmt man an, kontrolliert vom zerebralen Kortex (Großhirnrinde), der dünnen 3mm dicken, äußeren Schicht des Gehirns; dieser Teil kontrolliert die willkürlichen Muskelbewegungen, deutet sensorische Impulse und befaßt sich mit emotionaler und intellektueller Verarbeitung. Der Hypothalamus wiederum kontrolliert das autonome Nervensystem, das alle unwillkürlich arbeitenden Organe des Körpers kontrolliert (Leber, Herz, Nieren etc.). Ebenso kontrolliert er das endokrine System durch Aussendung von Hormonen zur Hirnanhangdrüse, die dann die meisten anderen endokrinen Drüsen aktiviert. Die Hirnanhangdrüse, die zentrale Drüse des endokrinen Systems, besteht aus zwei Lappen, dem vorderen und dem hinteren Lappen. Der Vorderlappen hat hauptsächlich Drüsenfunktion, und zwei seiner wichtigsten Hormone werden durch Streß aktiviert. Das eine, das adrenokortikotrope Hormon (ACTH), stimuliert die Nebennierenrinde, während das andere, das thyreotrope Hormon, stimulierend auf die Schilddrüse wirkt. Die Nebennieren befinden sich auf den Nieren und bestehen aus einem inneren und einem äußeren Teil, dem Nebennierenmark und der Nebennierenrinde. Das Nebennierenmark produziert zwei für uns sehr bedeutende Hormone — Adrenalin und Noradrenalin. Adrenalin wird als Angst-Hormon angesehen; es erzeugt den plötzlichen Blutandrang, den man verspürt, wenn das Leben in Gefahr ist. Der Zweck dieser Hormone liegt darin, den

Körper in Alarmbereitschaft zu versetzen, so daß er die Notsituation angehen kann. Sie bewirken, daß die Arterien sich zusammenziehen und das Herz schneller schlägt, so daß mehr Blut in die Muskeln und das Gehirn befördert werden kann. Die Blutgerinnungszeit wird verkürzt, so daß bei Verletzung weniger Blut verloren geht. Die Bereitschaft, mögliche Infektionen zu bekämpfen, läßt die Anzahl der weißen Blutkörperchen ansteigen. Die Anzahl der roten Blutkörperchen steigt, damit mehr Sauerstoff in die Zellen befördert werden kann, um durch Verbrennung von Zucker mehr Energie zur Verfügung zu stellen. Das Adrenalin bewirkt auch eine Erweiterung der Bronchien, um ein Maximum an Sauerstoffaufnahme zu gewährleisten. Das Blut wird von den Extremitäten in die wichtigen Organe dirigiert, dadurch werden die Hände und Füße kälter und die Hauttemperatur sinkt. Deshalb wird auch die Haut weiß, wenn man Angst hat. Die Verdauung verlangsamt sich, und die Pupillen erweitern sich, um das Blickfeld zu vergrößern. Die Hormone bewirken außerdem, daß mehr Zucker aus der Leber und den Muskeln in das Blut befördert wird. Die äußere Schicht der Nebennieren, die Nebennierenrinde, produziert bei Stimulierung durch ACTH entzündungsfördernde und -hemmende Kortikoide.

Diese Kortikoide bewirken, daß die Thymusdrüse, ein großes lymphatisches Organ hinter dem oberen Teil des Brustbeines, schrumpft, daß die Lymphknoten atrophieren (wie z.B. in der Leiste und unter den Achseln), Entzündungsreaktionen gehemmt werden und Zucker zur Bereitstellung von Energie produziert wird. Sowohl die Kortikoide als auch das autonome Nervensystem lassen Geschwüre im Magen und im Dünndarm entstehen. All diese Veränderungen finden innerhalb von Sekunden statt, ohne daß wir überhaupt darüber nachdenken müssen, wenn wir einem Stressor ausgesetzt sind. Wir sind jetzt bereit für „fight or flight" (Kampf oder Flucht). Die hier beschriebenen Körperveränderungen sind nicht-spezifischer Art, sie hängen nicht von der Art des Stressors ab. Wir können deshalb annehmen, daß ein Magengeschwür zum Beispiel ein allgemeines Symptom für Streß ist. Aber welche Faktoren bestimmen eigentlich, welche Organe bei den jeweiligen Personen versagen, und warum gibt es die verschiedenen Arten von streßbedingten Krankheiten. Jeder von uns hat sein eigenes „schwaches Glied in der Kette". Es mag eine vererbte Schwäche, die Folge eines Unfalls oder ein psychologisches Trauma aus der Vergangenheit sein. Außerdem neigen wir gewöhnlich zu negativen Emotionen, die bestimmte Organe beeinflussen. Ein Beispiel aus Dr. John Schindlers Buch „How to Live 365 Days a Year" (S.26/27) soll dies verdeutlichen. „Bei anderen Personen kann der Anblick von Blut zu Erbrechen führen, nicht weil sie an einer Erkrankung des Magens leiden, sondern weil in ihnen der Anblick von Blut das Gefühl des Ekels hervorruft. Ein Teil der Manifestation des Ekelgefühls besteht in einer Kontraktion des Magens, die stark genug ist, um Erbrechen zu bewirken." Diese Beziehung zwischen spezifischen negativen Emotionen und spezifischen Körperunausgeglichenheiten ist seit Jahrtausenden bekannt. Wenn wir uns einmal die Schriften König Salomons in „Proverbs" (14:30) anschauen, so lesen wir: „A sound heart is the life of the flesh; but envy the rottennes of the bones." (King James Version) (Ein gesundes Herz ist das Leben des Fleisches; aber Neid die Verdorbenheit der Knochen) Das hebräische Wort, das hier mit „envy" (Neid) übersetzt wird, wird in einigen anderen Übersetzungen mit „jealousy" (Eifersucht) wiedergegeben. „Rottenness of the bones" bedeutet höchstwahrscheinlich entweder Knochenkrebs oder Osteoporose, eine Krankheit, bei der die Knochen sich allmählich auflösen. Es ist vielleicht interessant für Sie zu wissen, daß Biokinesiologen (die anhand von Muskeltests Körperunausgeglichenheiten aufspüren und den Körper mit Hilfe von positiven Emotionen, der Ernährung, der Akupressur und passiven Übungen wieder ins Gleichgewicht bringen) „entdeckt" haben, daß die Eifersucht das negative Gefühl ist, das die Nebenschilddrüse am stärksten beeinflußt. Eine der Hauptfunktionen der Nebenschilddrüse besteht darin, den Kalziumgehalt im Blutstrom zu regulieren, indem sie Kalzium aus dem Knochen löst. Wenn sich die Nebenschilddrüse nicht im Gleichgewicht befindet, ist es möglich, daß die Knochen sich geradezu auflösen und es zu Osteoporose kommt. In einem späteren Kapitel werden wir uns näher mit der Frage beschäftigen, welche spezifischen Organe von spezifischen Emotionen in ihrer Funktion beeinträchtigt werden. Diese

Information ist wichtig, denn ebenso wie eine spezifische negative Emotion ein Organ aus dem Gleichgewicht wirft, stellt die entgegengesetzte positive Emotion die Balance wieder her. Über 50 Prozent aller Krankheiten kann man dem emotional bedingten Streß zuschreiben. Manche nehmen sogar an, daß es bis zu 90 Prozent seien. Für eine nähere Untersuchung der Frage, wie das kardiovaskuläre und das gastro-intestinale System, das Immunsystem und der Skelett-Muskel-Apparat von Streß beeinflußt werden, empfehlen wir die Bücher „Streß" von Walter McQuade und Ann Aikman sowie „How to Live 365 Days a Year" von Dr. John Schindler. Eine ausgezeichnete Auflistung der verschiedenen Gesundheitsprobleme und ihrer wahrscheinlichen psychischen Ursachen enthält das Buch „Heile Deinen Körper" von Louise Hay.

Muskeln und Streßzyklus

Es geht jetzt darum, das Testen von Muskeln zu erlernen, und als Vorschau darauf beschäftigen wir uns zunächst noch einmal mit dem Streßzyklus, konzentrieren uns jedoch diesmal auf die Blutzufuhr. Wir verändern die Namen der drei Phasen leicht, so daß sie mit den Begriffen übereinstimmen, die schon in der Praxis des Muskeltests verwendet werden (z.B. „Taking Stress in Stride" von Nancy Joeckel).

I. Alarmphase. Während dieser Phase wird der Körper darauf vorbereitet zu handeln. Der Hypothalamus veranlaßt die Schilddrüse und die Nebennieren, Hormone in die Blutbahn auszuschütten, was zu einer fühlbaren Steigerung des Energieniveaus führt.

II. Reaktionsphase. Der Körper „beschließt", daß man auf irgendeine Art handeln muß. Für die „fight or flight"-Reaktion benötigt man möglichst viel Zucker in den Muskeln, also wird die Blutzufuhr zu den Muskeln erhöht auf Kosten 1. des Verdauungsapparates (man kann das Essen später verdauen, wenn man überlebt) und 2. der vorderen Lappen des zerebralen Kortex. In diesen vorderen Lappen werden bewußte Entscheidungen getroffen. In Situationen, in denen das Leben auf dem Spiel steht, hat man jedoch keine Zeit für diese Art von Denken, deshalb hat sich die Kontrolle des Gehirns in den hinteren Teil verlagert, so daß man automatisch auf der Grundlage von vergangenen Erfahrungen reagieren kann. Wenn man Muskeln während der Alarm- und Reaktionsphase testen würde, würde man erwarten, daß sie aufgrund der maximalen Blutzufuhr stark sind. Wenn eine Katze mit ihren Jungen auf einen Hund trifft, kann man beobachten, daß sie einen Buckel macht, die Haare sich aufrichten, sie die Pfote hebt und faucht. Die Katze hat sich für die „fight"-Reaktion entschieden. Ohne ihre Jungen entscheidet sie sich höchstwahrscheinlich für die „flight"-Reaktion. Wir haben es alle schon gesehen — eine Katze flitzt durch eine Gasse und ein Hund wild hinter ihr her. Sie werden zustimmen, daß beide Möglichkeiten, Kampf oder Flucht, die Streßhormone abbauen und das System wieder ins Gleichgewicht bringen. Wie sieht es beim Menschen aus? Wie oft verbrennen wir unsere Streßhormone durch Handlung? Nicht oft genug! Sehr oft unterdrücken wir unsere Emotionen oder wir „reiten" auf Dingen herum, es werden immer mehr Streßhormone produziert, und der Körper gerät immer stärker aus dem Gleichgewicht. Bei seinem Bemühen, die Balance wiederherzustellen, geht der Körper in die dritte Phase des Streßzyklus über, die Überwältigung.

III.Überwältigungsphase. Das Hauptanliegen des Körpers besteht jetzt darin, die Streßhormone zu entgiften oder abzubauen. Den größten Teil dieser Arbeit führen Leber, Nieren und Lungen durch. Blut wird zu diesem Zweck den großen Skelettmuskeln an Armen und Beinen entzogen und den inneren Organen zugeführt. Unser Koordinationsvermögen ist beeinträchtigt, und wir sind anfälliger für Unfälle. Wenn wir jetzt Muskeln testen würden, würde das Ergebnis eine Schwächung sein. Was uns vielleicht am meisten bei der Überwältigung stört, ist unsere Gehirnaktivität. Es gibt nur ein Minimum an Aktivität im vorderen Teil des Gehirns, und wir stellen fest, daß wir uns nicht mehr an Namen erinnern können oder nicht mehr wissen, wo wir Dinge hingelegt haben. Wir haben „totale Mattscheibe". Ich gehöre einem „Spokesman's club" an, in dem Sprechern gelegentlich ein aus dem Stegreif zu behandelndes Thema auf dem Weg zum Pult gegeben wird. Obwohl das Thema dem Sprecher gewöhnlich gut bekannt ist, habe ich erlebt, wie drei Minuten lang peinliches Schweigen herrschte und der Sprecher „totale Mattscheibe" hatte. Bald nachdem sie sich wieder hinsetzen, fließen dann natürlich die Ideen, da die Blutzufuhr zu den vorderen Lappen des Gehirns wiederhergestellt wird. Das Wissen war vorhanden, aber es konnte während der Überwältigungsphase nicht abgerufen werden. Wenn Sie das Verlangen verspüren, sich hinzusetzen oder sich hinzulegen, sollten Sie nicht dagegen ankämpfen; Ihr Körper sagt Ihnen, daß Sie verwundbar sind und all Ihre Aktivitäten einschränken müssen, bis mehr Streßhormone abgebaut sind. Bei starker Überwältigung wird man ohnmächtig. Nancy Joeckel beschreibt es folgendermaßen: „In bestimmter Hinsicht verhält es sich wie mit dem Ohnmächtig-Werden beim Trinken von Alkohol. Das Ohnmächtig-Werden verhindert, daß wir zu viel trinken und uns möglicherweise selbst umbringen. Außerdem gibt es der Leber, den Lungen und den Nieren Zeit, den Alkohol im Körper abzubauen. Ebenso ist die Überwältigung ein natürlicher Schutz. Wie stark auch immer unsere Abneigung gegen das Gefühl ist, außer Kontrolle geraten zu sein, wir würden ohne diesen Schutzmechanismus bei dem Versuch, auf intensiven Druck zu reagieren, sterben. (Es funktioniert wie der Unterbrecher in Ihrem Sicherungskasten)."

IV.Erholungsphase. Während der letzten Phase des Streßzyklus werden die normalen Funktionen des Körpers wiederhergestellt. Man baut vielleicht die Streßhormone durch die „fight or flight" -Reaktion auf den Streßfaktor ab, man läuft vielleicht draußen herum oder hackt Holz, um die Streßhormone abzubauen, oder der Körper hat uns vielleicht in die Überwältigungsphase versetzt, um das zu tun, was wir selbst nicht getan haben. Die meisten von Ihnen werden sich an Momente erinnern können, in denen Sie sich in der Überwältigungsphase befanden. Es ist jetzt wahrscheinlich ein bißchen weniger angsterregend, da Sie eine Vorstellung davon haben, was in Ihrem Körper vorgeht. Die im weiteren Verlauf beschriebene Methode ist die effektivste, die ich kenne, um Sie aus der Überwältigungsphase und durch die Erholungsphase zurück in den Normalzustand zu bringen. Wir haben jedoch die Möglichkeit, bei dieser Arbeit Muskeltests zu unserer Unterstützung einzusetzen, deshalb sollen im folgenden Kapitel zwei einfache Muskeltests beschrieben werden.

Kapitel 2
Muskeltest

Was ist Muskeltesten?

Viele in diesem Buch beschriebenen Techniken können ohne Muskeltest eingesetzt werden, doch wenn man ein wenig Zeit investiert und die Kunst des Muskeltestens erlernt, kann man sie viel flexibler handhaben. Beim Muskeltest versetzen wir einen spezifischen Muskel in den Zustand der Kontraktion und isolieren ihn möglichst stark von den benachbarten Muskeln. Wir versuchen dann, den Muskel zu strecken, um festzustellen ob er — im Verhältnis zur Stärke der Testperson — stark oder schwach ist. Obwohl wir beim Muskeltest die Begriffe „stark" und „schwach" verwenden, überprüfen wir eigentlich nicht die Stärke des Muskels, sondern eher Energieströme im Körper. Wir stellen fest, ob die mit dem Muskel in Verbindung stehenden Energieströme „eingeschaltet" (starke Reaktion) oder „ausgeschaltet" (schwache Reaktion) sind. Für das Ausschalten der Energieströme können eine Reihe von Faktoren verantwortlich sein: Ernährungsmangel; emotionaler Streß; Empfindlichkeit gegenüber Metallen, Farben und Parfüm; Subluxationen der Wirbel. Außerdem können verschiedene Muskeltests Aufschluß geben über das Funktionieren verschiedener Energiebahnen, Organe und körperlicher Prozesse. Wenn Ihr Interesse geweckt worden ist und Sie mehr erfahren möchten, empfehle ich Ihnen die folgenden Bücher: „Der Körper lügt nicht" von Dr. John Diamond, oder „Gesund durch Berühren" („Touch for Health") von Dr. John Thie mit Mary Marks. Oder noch besser, nehmen Sie an einem „Touch for Health"-Kurs teil. Wenn all jene Faktoren berücksichtigt würden, würde dieses Buch zu komplex. Ich habe es stattdessen so einfach wie möglich gehalten und werde hier nur zwei Muskeltests vorstellen.

Pectoralis major clavicularis

Der erste Muskel, mit dem wir uns beschäftigen werden, ist der obere Teil des Pectoralis-major-Muskels (großer Brustmuskel), der am oberen Teil des Brustbeins und am Schlüsselbein, der Clavicula (daher der Name „clavikular") ansetzt. Er endet am äußeren Oberarmknochen. Die Kontraktion dieses Muskels hilft, den Arm nach vorn zu bringen, so daß er mit dem Brustkorb einen Winkel von 90 Grad bildet, und drehen Sie ihn so weit, daß die Handfläche nach außen und der Daumen nach unten zeigt. Der Testende legt seine Finger auf oder knapp hinter das Handgelenk und versucht, den Arm mit leichtem Druck herunter und vom Körper weg nach außen zu drücken. Wenn der Muskel stark ist, wird er „sperren"; wenn er jedoch schwach ist, wird er nicht „sperren", er wird weich und gibt Ihrem Druck nach.

Um das Testen von Muskeln zu erleichtern, sollten Sie sich an das im folgenden beschriebene Verfahren halten.

1. Fragen sie die Testperson, ob es irgendeinen Grund gibt, der das Testen nicht zuläßt. Es gibt vielleicht eine Verletzung, die den Muskeltest nicht ratsam erscheinen läßt.

2. Teilen Sie der Testperson mit, daß sie Ihnen sofort sagen soll, wenn sie während des Testens Schmerzen verspürt, und daß sie dann den Arm sofort loslassen soll.

3. Legen Sie ihren anderen Arm auf die gegenüberliegende Schulter der Testperson, zur beiderseitigen Stabilisation.

4. Demonstrieren Sie den Bewegungsradius des zu testenden Muskels. Dies teilt dem Gehirn der Testperson mit, welcher spezielle Energiekreis getestet wird.

5. Teilen Sie der Testperson mit, daß Sie die Anweisung „Halten" geben und dann versuchen, den Arm nach unten und außen zu drücken.

6. Sagen Sie „Halten". Mit der flachen Hand auf dem Unterarm der Testperson üben Sie dann einen leicht anschwellenden Druck aus und lassen dann wieder los. Dieser Vorgang sollte ungefähr zwei bis drei Sekunden dauern, nicht länger!! Für Sie ist nur von Interesse, was auf den ersten 3-5 Zentimetern passiert. Wenn der Muskel stark ist, wird er „sperren", wenn er

schwach ist, wird er „weich" erscheinen, oder er zittert vielleicht.

7. Denken Sie daran, daß Sie den Energiefluß überprüfen. Achten Sie deshalb darauf, daß Sie nicht zu viel Druck auf den Muskel ausüben, denn es soll kein Kräftemessen sein. Jetzt muß man üben, bis man Sicherheit erlangt hat. Lassen Sie sich auch einmal von einem Freund testen, damit Sie auch ein Gefühl dafür bekommen, wie es ist, getestet zu werden. Bevor Sie die Muskeltests anwenden, um zu erfahren, was der Körper von bestimmten Situationen hält, soll ein weiterer Muskeltest für spätere Verwendung beschrieben werden.

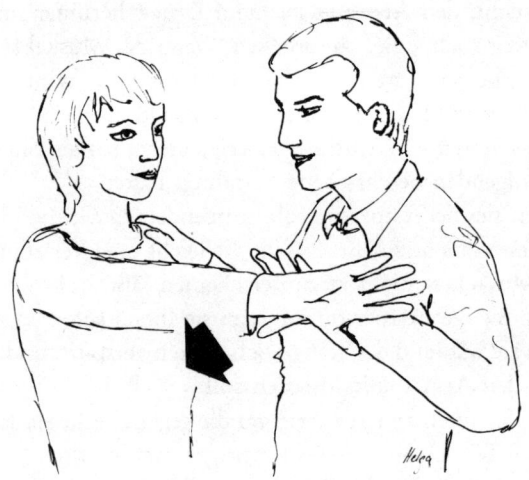

Deltoideus

Dieser Muskel ist der ideale Testmuskel, da er gewöhnlich stark und leicht zu testen ist. Er hat die Form eines Deltas, zieht sich über das Schultergelenk und ist verantwortlich für die Bewegung des Armes vom Körper weg. Die Testperson hebt den Arm seitlich bis zur Waagerechten, die Handfläche zeigt dabei nach unten. Der Arm soll gestreckt sein, und es soll keine Faust gebildet werden. Der Tester legt seine Hand nahe dem Handgelenk auf den Unterarm der Testperson und stabilisiert mit der anderen Hand auf der gegenüberliegenden Schulter der Testperson. Das weitere

Verfahren ist dasselbe wie das zuvor beschriebene, außer, daß in diesem Fall der Druck nach unten ausgeübt wird.

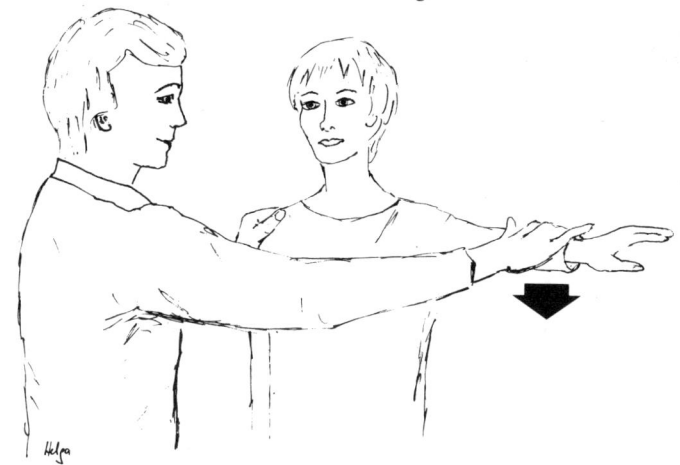

Testen auf emotionalen Streß

Wir können jetzt mit Hilfe dieser Tests feststellen, ob Situationen oder Gedanken emotionalen Streß verursachen. Lassen Sie einen Freund oder eine Freundin Ihren Pectoralis major clavicularis testen. Ist er stark? Denken Sie an etwas Negatives. Wird der Arm jetzt schwach? Er sollte eigentlich. Denken Sie an einen beliebten Ferienort. Jetzt sollte der Arm wieder stark sein. Denken Sie an ein vergangenes Ereignis, das für Sie damals Streß bedeutete und das Sie jetzt nicht mehr als streßerzeugend ansehen. Seien Sie nicht überrascht, wenn der Muskel nicht „sperrt".

Denken Sie an etwas Positives oder an einen beliebten Ferienort, wenn der Muskel zu Beginn schwach war. In den meisten Fällen sollte das ausreichen, den Muskel zu stärken, so daß Sie mit dem Experiment wie oben beschrieben fortfahren können.

Jetzt, da Sie erfahren haben, wie sich ein starker und ein schwacher Muskel anfühlen, ist es Zeit, die Tests an Ihrem Freund oder an Ihrer Freundin durchzuführen, so daß Sie auch die Erfahrung aus der Sicht des Testenden machen. Übung! Übung! Muskeltesten ist wirklich eine Kunst. Je mehr man übt, desto besser beherrscht man es.

Kapitel 3
Technik zur Befreiung von emotionalem Streß (ESR)

Es ist zuvor beschrieben worden, daß eine der bedeutenden Veränderungen im Körper, die aus der Vorbereitung auf die „fight/flight"-Reaktion resultieren, darin besteht, daß Blut gewissen Körperteilen wie der Großhirnrinde und der Haut entzogen und anderen Körperteilen wie Muskeln und endokrinen Drüsen, die mit dem unmittelbaren Überleben zu tun haben, zugeführt wird. Wenn man nicht angemessen auf Streß reagiert, z. B. mit Kampf, Flucht oder irgendeiner anderen physischen Maßnahme, steigt der neuro-hormonelle Spiegel dermaßen, daß der Körper beginnen muß, diese Neuro-Hormone abzubauen, um das Gleichgewicht wiederherzustellen. Wiederum ist eine Umverteilung des Bluts notwendig: aus den großen Skelettmuskeln wird es entzogen und der Leber, den Nieren und den Lungen zugeführt. Die Umverteilung des Blutes im Körper scheint hauptsächlich durch Öffnen und Schließen von Kapillargefäßen zu geschehen. Die leicht festzustellende Rötung des Gesichts bei Ärger oder die Blässe bei Angst sind wahrscheinlich typisch für das, was auch anderswo im Körper geschieht.

In den dreißiger Jahren entdeckte der Chiropraktiker Terrence Bennett Körperstellen, hauptsächlich am Kopf, die, wenn sie berührt werden, die Blutzufuhr zu gewissen Organen zu beeinflussen scheinen. Während Dr. Bennett die spezifischen Punkte berührte, beobachtete er die Auswirkungen durch ein Fluoroskop (wie ein riesiger Röntgenapparat) und konnte so bestimmte "Bennett-Reflexe" spezifischen Organen zuordnen, bevor er früh an Strahlenvergiftung starb. In den sechziger und siebziger Jahren erweiterte Dr. George Goodheart dieses Wissen durch weiteres Erforschen der Reflexpunkte, die jetzt als neuro-vaskuläre Kontaktpunkte bekannt sind; dieser Begriff weist darauf hin, daß wir durch Berühren dieser Punkte mit Hilfe des Nervensystems den Auftrag geben, Veränderungen im vaskulären (d. h. Blut-) System vorzunehmen. Beim „Touch for Health"-Verfahren arbeiten wir mit vielen dieser neuro-vaskulären Punkte. In diesem Kapitel beschäftigen wir uns mit einer Gruppe von neuro-vaskulären Kontaktpunkten, die sich auf der Stirn zwischen Augenbrauen und Haaransatz befinden. Es sind zwei leicht hervorstehende Erhebungen, die beim Erwachsenen 5 bis 7 Zentimeter oberhalb der Augen liegen, sie werden in der Fachsprache als Stirnbeinhöcker bezeichnet.

Wenn man mit den Fingerbeeren die Stirnbeinhöcker leicht berührt, gerade so stark, daß man die Haut leicht dehnt, kann man häufig einen leichten Puls von 70 bis 74 Schlägen pro Minute fühlen. Dr. John Thie glaubt, daß es sich dabei um einen primitiven Puls der Kapillargefäße handelt. Wenn jemand an etwas Streßauslösendes denkt, kann man feststellen, daß die Pulsschläge nicht aufeinander abgestimmt sind. Wenn die Gedanken keinen Streß mehr verursachen, sollten auch die Pulsschläge aufeinander abgestimmt sein, da das Blut wieder der Großhirnrinde zugeführt wird und diese somit wieder das Nervensystem kontrollieren kann.

Jetzt sind wir bereit, die Technik zur Befreiung von emotionalem Streß praktisch anzuwenden. Setzen Sie sich auf einen bequemen Stuhl, oder besser noch, legen Sie sich auf den Rücken. Legen Sie Ihre Finger auf die Stirnbeinhöcker. Wählen Sie zunächst Ereignisse, die nur leichten Streß verursachen, bis Sie mit der Methode vertraut sind. Gehen Sie von Anfang bis Ende die von Ihnen gewählte, streßauslösende Situation gedanklich durch. Stellen Sie sich lebhaft, unter Einbeziehung möglichst vieler Sinne, vor, wie Sie noch einmal die Erfahrung durchleben, aber konzentrieren Sie sich nur auf die negativen Gefühle, Anblicke, Geräusche etc., — nicht auf die positiven, und rechtfertigen Sie nicht Ihre Handlungen. Wie sahen die Leute aus? Wo waren Sie? Was sagte er / sie? Wie reagierten Sie? Wie fühlten Sie sich innerlich? Machen Sie sich nichts daraus, wenn Sie sich an viele Details nicht mehr erinnern können: Ihr Gehirn hat Zugang zu Erinnerungen an das Ereignis, die Sie bewußt nicht abrufen können. Beziehen Sie in Ihre Vorstellung möglichst viele Aspekte mit ein. Wenn es ein Unfall war, so stellen Sie sich visuell das Blut vor. Wenn es ein Feuer war, riechen Sie den Rauch. Wenn ein Hund mit im Spiel war, sehen Sie ihn nicht nur, hören Sie ihn auch bellen und knurren.

Wiederholen Sie das Vorgehen noch zweimal, oder solange bis Sie fühlen, daß die Pulsationen an den Stirnbeinhöckern aufeinander abgestimmt sind.

Achten Sie darauf, wie Sie sich jetzt fühlen. Sie sollten sich nun entspannter fühlen, während Sie an die zuvor streßauslösende Situation denken. Ist es so?

Was geistig passiert, während Sie sich auf die streßverursachende Situation konzentrieren, kann sehr individuell sein. Im allgemeinen fällt es zunächst leicht, sich auf die negative Situation zu konzentrieren, es wird jedoch im weiteren Verlauf zunehmend schwieriger. Wenn schließlich der Problemberg zu einem Maulwurfshügel geschrumpft ist und Sie die Situation nüchtern und sachlich sehen, wird die Situation Ihrem Gehirn voraussichtlich zu langweilig geworden sein und es schweift ab zu anderen Dingen. Dann hat sich in der Regel auch das Pulsieren auf beiden Stirnbeinhöckern synchronisiert. Bei manchen Leuten löst sich das gedanklich vorgestellte Bild oder die Szene auf; andere sehen, wie sich eine Wolke zwischen sie und die zuvor streßauslösende Situation schiebt. Was bei Ihnen passiert, mag einzigartig sein.

Mit ein wenig Praxis in der Anwendung der Technik können Sie jedoch, auch wenn Sie allein sind, mit ziemlicher Genauigkeit feststellen, wann Sie Ihre Arbeit erfolgreich abgeschlossen haben.

Wenn ein Freund bereit ist, mit Ihnen zu arbeiten, sind Sie besser dran, da Sie sich von ihm die Pectoralis-major-clavicularis-Muskeln testen lassen können (Beschreibung siehe S. 29). Denken Sie jetzt an die Streßsituation. Die Muskeln sollten sich nun beim Test als schwach erweisen. Als nächstes legt der Freund (oder die Freundin) seine Fingerbeeren auf Ihre Stirnbeinhöcker, während Sie wie vorher beschrieben fortfahren.

Wenn Sie meinen, daß Sie fertig sind, so teilen Sie es Ihrem Freund mit und lassen Sie noch einmal die Pectoralis-major-clavicularis-Muskeln testen. Sind sie stark? Großartig! Sie haben es geschafft. Ihre Gedanken bringen Sie nicht länger in die Überwältigungsphase des Streßzyklus. Wenn ein Arm oder auch beide sich als schwach erweisen, müssen Sie das Vorgehen mindestens noch einmal wiederholen. Testen Sie noch einmal zum Schluß, um festzustellen, ob Sie erfolgreich waren.

Wenn man mit jemandem arbeitet, kann auch das Atmen Aufschluß über den Erfolg der Arbeit geben. Bei Streß halten wir sehr oft den Atem an (beobachten Sie Kinder und Sie wissen, was ich meine), zumindest atmen wir sehr flach. Es sollte deshalb nicht überraschen, daß Sie nach der Befreiung von Streß tief durchatmen und einen deutlichen Seufzer von sich geben. Die Veränderung in der Atmung wird Ihnen selbst oft nicht bewußt, doch wenn Ihr Freund sie feststellen kann, ist dies gewöhnlich ein solides Anzeichen dafür, daß Sie frei von emotionalem Streß sind.

Wie lange sollte die Technik zur Befreiung von emotionalem Streß angewandt werden? Es können nur 20 Sekunden sein, in den meisten Fällen jedoch dauert sie bis zu 10 Minuten. Die Technik eignet sich besonders gut für Kinder, denn sie finden sehr schnell wieder das Gleichgewicht.

Es bieten sich bei dieser Technik sehr viele Anwendungsmöglichkeiten an. Man kann traumatische Ereignisse der Vergangenheit noch einmal durchleben. Man kann mit ungelösten aktuellen Fragen persönlicher oder zwischenmenschlicher Art arbeiten. Die Technik ist ebenso gut geeignet für zukünftige Situationen.

Wenn eine Prüfung bevorsteht, können Sie sich hervorragend von Streß befreien, indem Sie sich vorstellen, wie Sie bereits im Prüfungsraum „schwitzen". Wenn Sie Angst davor haben, daß Fragen zu Themen gestellt werden, auf die Sie sich nicht vorbereitet haben, dann konzentrieren Sie sich darauf. Sollte diese Situation dann wirklich während der Prüfung eintreten, verringern sie die Wahrscheinlichkeit eines „Blackouts", wenn Sie vorher den durch diese Möglichkeit ausgelösten Streß lindern. Sie werden dann die Dinge, die Sie wissen, besser darstellen können. Uns allen ist bekannt, daß viele Prüfungen nicht messen, was wir eigentlich wissen, sondern vielmehr an wieviel wir uns unter den streßauslösenden Bedingungen der Prüfungssituation erinnern können. Viele von Ihnen werden sich wahrscheinlich fragen, warum Sie diese Technik nicht kannten, die Sie während all Ihrer Schul- und Universitätsjahre so sehr hätten gebrauchen können.

Es ist noch nicht einmal notwendig, die Ursache Ihres Stresses zu kennen, wenn Sie die Technik zur Befreiung von emotionalem Streß anwenden möchten. Wenn z. B. Ihr zweijähriges Kind in der Nacht wegen eines schrecklichen Alptraumes schreiend aufwacht, kann es Ihnen nicht beschreiben, was passiert ist. Legen Sie die Finger auf die Stirnbeinhöcker des Kindes, bis es sich beruhigt und wieder einschläft. Viele Mütter legen schon „instinktiv" die Hand auf die Stirn ihres kranken, aufgeregten oder unter Einschlafschwierigkeiten leidenden Kindes. Die Technik zur Befreiung von emotionalem Streß hat es schon immer gegeben, auch wenn man erst in letzter Zeit zu einem wissenschaftlichen Verständnis ihrer Funktionsweise gelangt ist. Wir wenden zwar zuweilen die Technik unbewußt an, indem wir uns mit der Hand an die Stirn fassen, doch sollten wir uns an ihren regelmäßigen Einsatz gewöhnen. Sie wird so zur Gewohnheit. Dann wenn wir sie am dringendsten benötigen, ist das Blut der Gehirnrinde entzogen, und es ist sehr unwahrscheinlich, daß wir uns dann an diese uns zur Verfügung stehende Technik erinnern.

In meinen Vorlesungen oder Workshops an Schulen lehre ich gewöhnlich die Technik zur Befreiung von emotionalem Streß. Lehrer, die ihre Schüler die „magischen Punkte" berühren lassen, um den Streß der negativen Ereignisse des Tages loszuwerden, bevor sie nach Hause gehen, werden bald von den Eltern erfahren, welch positive Haltung die Schüler gegenüber der Schule entwickeln. Ich freue mich auf den Tag, an dem allen Schulkindern die Technik zur Befreiung von emotionalem Streß als Bestandteil des Lehrplans gelehrt wird.

Schwierige Situationen

Ich habe zuvor vorgeschlagen, beim Erlernen der Technik zur Befreiung von emotionalem Streß mit einfachen Beispielen zu beginnen. Bei meiner Arbeit mit Klienten stelle ich gewöhnlich die Frage, ob ihnen jemals der Hund oder die Katze weggelaufen oder gestorben sei. Bei den meisten Personen trifft dies zu. Wir gehen diese und vielleicht eine weitere einfache Situation durch, bevor wir uns mit schwierigeren Situationen befassen. Es ist wichtig für Sie, mit der Technik und dem Therapeuten vertraut zu werden, bevor Sie komplexere Situationen angehen. Wenn ich mit einem Klienten arbeite, frage ich gewöhnlich nach einem Schlüsselwort oder -satz, die etwas sehr Positives darstellen und auf die sich der Klient bei Bedarf konzentrieren kann. Vor einigen Jahren arbeitete ich mit einer Klientin, die eine Reihe von Phobien aufwies. Wir begannen mit der einfachsten, der Angst vor dem Fliegen (einige Tage vor ihrem ersten Flug), es folgte die Angst vor Höhe etc., bis wir bereit waren für die größte Angst — die Angst, bei einem Vergewaltigungsversuch verletzt zu werden. Die Klientin hatte sich ungefähr eine Minute lang auf diese spezielle Phobie konzentriert, als sie plötzlich ihre Handflächen vor Augen und Stirn legte, wahrscheinlich um zu verdecken, was sie sah, und hysterisch zu schreien begann. Wir verfügten jedoch über ein Schlüsselwort, um die Konzentration auf etwas Positives zu lenken. Schon bald hatte sie sich wieder beruhigt. Offensichtlich war die Phobie als Ganzes zu überwältigend, als daß wir auf diese Art daran arbeiten konnten, deshalb spalteten wir sie in drei Segmente auf. Zuerst beschäftigten wir uns mit ihrer Angst, spät nachts verfolgt zu werden, dann mit der Angst, von einem potentiellen Vergewaltiger angegriffen zu werden, und schließlich arbeiteten wir mit der Angst, bei dem Vorfall verletzt zu werden. Diese Aufteilung in drei Segmente ermöglichte es uns, ohne weitere Schwierigkeit diese Phobie durchzuarbeiten.

Wenn Sie „Touch for Health"-Lehrer sind, sollten Sie in Ihren Kursen betonen, daß die Teilnehmer mit einfachen Beispielen beginnen. Vermeiden Sie es, mit schwierigen Situationen zu beginnen wie z. B. mit der vielleicht als Jugendlicher gemachten Erfahrung, den Vater und Bruder vor den Augen ertrinken zu sehen. Solche Situationen sind viel zu traumatisch, als daß man mit ihnen während eines Unterrichts arbeiten sollte; sie erfordern einen „Touch for Health"-Lehrer, der sehr viel Erfahrung mit der Technik zur Befreiung von emotionalem Streß hat, oder einen Therapeuten mit entsprechender Ausbildung.

Manchmal bereitet es einer Person große Schwierigkeiten, gedanklich noch einmal eine Situation aus der Vergangenheit direkt zu durchleben. In diesem Fall kann sie so tun, als sähe sie einen Film, in dem ein Schauspieler oder eine Schauspielerin ihre Rolle spielt. Die Person selbst kann den Projektor bedienen, sie kann den Film schneller oder ihn langsamer laufen lassen, sie kann zurückspulen oder schnell vorspulen, gerade wie sie es wünscht, bis sie sich ruhig genug fühlt, um sich selbst in den Film zu versetzen. Einige Leute reagieren wirklich gut und schaffen es, ihr eigenes Drehbuch noch einmal zu schreiben. Wenn sie einen bestimmten Teil des Films nicht mochten, können sie ihn umschreiben und durch den Ablauf ersetzen, den sie vorziehen.

Einer meiner Klienten arbeitete einmal mit einer besonders traumatischen Situation und konnte sich nicht mehr dem positiven Gedanken zuwenden; wir mußten deshalb sehr kreativ werden. Nach und nach veränderten wir die Gesichtszüge des Angreifers: die eine Hälfte des Gesichts wurde weiß, die andere schwarz; er bekam ein Schlitzauge und ein großes Auge; eine buschige und eine dünne, nach oben gewölbte Augenbraue wie ein Künstler; ein Mundwinkel zeigte nach unten, der andere nach oben; auf einer Seite hatte er einen Bürstenschnitt, auf der anderen trug er Afro-Look. Nachdem wir diese imaginäre Person geschaffen hatten, der wir den Spitznamen Ugmo gaben, konnten wir die Gedanken des Klienten auf etwas Positives lenken und so einen Großteil des Stresses ausschalten, der durch das Ereignis ausgelöst worden war.

Wenn Sie oder die Person, mit der Sie arbeiten, negative Gefühle entwickeln, können manchmal auch Schmerzen in verschiedenen Körperteilen auftreten. In diesem Fall sollten Sie Ihre Gedanken auf die positive Situation lenken (deshalb sollten Sie auch immer nach einem Schlüsselwort fragen), bis der Schmerz verschwindet, und sich erst dann wieder der negativen Situation zuwenden. Seien Sie nicht überrascht, wenn Gedanken an negative Situationen manchmal auch Kopf- oder sonstige Schmerzen erzeugen. Schließlich sind gerade sie der Ursprung der meisten körperlichen Schmerzen. Wenn also Schmerzen auftreten, sollten Sie nicht in Panik geraten, sondern für kurze Zeit auf positive Ereignisse umschalten, um damit die Schmerzen zu lindern, und anschließend sich wieder auf die negative Situation konzentrieren.

Wenn Sie oder einer Ihrer Klienten an Allergien leiden, ist es nützlich zu wissen, daß einige Leute, die auf eine bestimmte Pollenart oder ein bestimmtes Nahrungsmittel allergisch reagieren, ebenso empfindlich sind gegenüber der gedanklichen Vorstellung, die Pollen oder das Nahrungsmittel zu sich zu nehmen. Die Reaktion auf das imaginäre Nahrungsmittel kann dieselbe sein wie bei tatsächlicher Einnahme. In Experimenten mit Asthmatikern entdeckte eine Gruppe unter der Leitung von Dr. J. J. Groen an einem Krankenhaus in Amsterdam interessante Beispiele dafür, daß Asthma durch die Erinnerung an das ursprüngliche Allergen hervorgerufen wird. Eine Frau zum Beispiel, die auf Pferde allergisch reagierte, begann sogar zu keuchen, wenn man ihr das Bild eines Pferdes zeigte. Eine zweite Frau, die überempfindlich gegenüber Goldfischen war, reagierte nicht nur auf einen Spielzeugfisch, sondern auch auf ein leeres Aquarium.

Diese Beispiele zeigen uns zwei Dinge: erstens, daß jemand einen asthmatischen Anfall durchleben kann, während er die Technik zur Befreiung von emotionalem Streß anwendet; zweitens, daß bei jemandem, der früher an einer starken Allergie gegen eine bestimmte Substanz litt, die physische Allergie zwar nicht mehr vorhanden ist, daß aber die Technik zur Befreiung von emotionalem Streß dennoch notwendig ist, um die „emotionale Allergie" auszuschalten.

Lernbehinderungen

Die Ursache von Dyslexie und assoziierten Lernproblemen scheint darin zu liegen, daß die Kommunikation zwischen der linken und der rechten Hemisphäre des Gehirns und / oder des vorderen und des hinteren Teils der dominanten Hemisphäre gestört ist. Gordon Stokes und Daniel Whiteside zufolge resultieren Lernschwierigkeiten daraus, daß man nicht gelernt hat zu lernen. Langeweile, Ärger oder Angst (vor Versagen, Eltern, Lehrern oder Gleichaltrigen) ruft Streß in unseren Systemen hervor. Deshalb wird die Technik zur Befreiung von emotionalem Streß ein wertvolles Werkzeug zur Überwindung dieser Blockierungen sein. Um die Streßursache herauszufinden, können die Pectoralis-major-clavicularis-Muskeln getestet werden; dieser Test sollte sowohl vor und nachdem die folgenden Affirmationen ausgesprochen wurden, durchgeführt werden:

Ich möchte gut lesen
Ich möchte gut schreiben
Ich möchte gut sprechen
Ich möchte gut in Mathematik sein.

Wenn sich die Muskeln bei irgendeiner dieser Aussagen beim Test als schwach erweisen, so legen Sie die Finger auf die Stirnbeinhöcker, während die Person den entsprechenden Satz laut sagt oder ihn evtl. auch nur leise vor sich hin spricht. Auch wenn Sie die Ursache des Stresses vielleicht nicht kennen, so wurde er doch durch Sprechen der positiven Aussage ausgelöst und kann damit mit Hilfe der Technik zur Befreiung von emotionalem Streß (ESR) gelindert werden. Die Muskeln sollten sich nach der Durchführung als stark erweisen. Es gibt Situationen, in denen man die ESR-Technik anwenden möchte, in denen man aber die Finger schlecht oder gar nicht auf die Stirnbeinhöcker legen kann. Dann empfehle ich zwei Methoden. Die erste besteht darin, den Daumen leicht über die entgegengesetzte Daumenkuppe zu legen. Bei der zweiten stellen sie sich einfach vor, daß ihre Fingerbeeren leicht die Stirnbeinhöcker berühren. Beide Methoden sollten sehr hilfreich sein.

Kapitel 4
Befreiung von emotionalem Streß durch Augenrotation

Während der letzten neun Jahre habe ich oft die Technik zur Befreiung von emotionalem Streß gelehrt und angewendet, und fast immer war sie auch sehr wirksam. In einigen Fällen funktionierte sie jedoch nicht effektiv, und deshalb habe ich immer wieder nach Möglichkeiten gesucht, ihre Effektivität zu steigern. Wenn man viel Forschung betreibt, macht man hin und wieder Entdeckungen, die zu Durchbrüchen und zur Effektivitätssteigerung der verwendeten Werkzeuge führen. In diesem Kapitel werde ich beschreiben, wie zwei solcher Entdeckungen zustande kamen, die die Wirksamkeit der ESR-Technik erhöhten.

Bald nachdem ich meine Frau Bernie kennengelernt hatte, stellte ich fest, daß sie Angst vor Hunden hatte; diese Angst war durch ein Erlebnis im Alter von neun oder zehn Jahren verursacht worden. Ein Junge, für den sie damals schwärmte, wurde von einem Schäferhund angefallen, und als dieser weglief, biß der Hund ihn in seine Wade. Die Folge war, daß der Junge den ganzen Sommer über das Bett hüten mußte. Bernie hatte zwar den Vorfall nicht miterlebt, sie hatte nicht die Verletzungen gesehen, sondern nur die Narben am Ende des Sommers, doch reichte dies aus, in ihr eine starke Angst vor Hunden hervorzurufen. Dann erfuhr ich, daß John, ihr vierjähriger Sohn aus früherer Ehe, auch Angst vor Hunden zeigte. Wir beschlossen, die Technik zur Befreiung von emotionalem Streß in einem Experiment bei Bernies Angst anzuwenden, John jedoch nicht darüber zu unterrichten. Wie erwartet verschwand seine Angst, ohne daß wir mit ihm selbst arbeiten mußten. Bei vielen Kindern mit Allergien habe ich festgestellt, daß wir, wenn Mutter und Kind (0-4 Jahre) dieselbe Allergie aufweisen, Techniken aus der Biokinesiologie anwenden können, um die Unausgeglichenheit bei der Mutter zu korrigieren und damit gleichzeitig die Allergie des Kindes zu heilen. Anscheinend können Energieunausgeglichenheiten leicht von Eltern auf kleine

Kinder übertragen werden. Es muß nicht unbedingt die Mutter sein, doch ist sie es gewöhnlich, da sie im allgemeinen im Vergleich zum Vater über längere Zeit engeren Kontakt mit dem Kind hat.

Obwohl Bernie im Allgemeinen keine Angst mehr vor Hunden zeigte, tauchte sie in einer bestimmten Situation noch immer auf — beim Jogging. Sie wendete die ESR-Technik auf ihr Hundeproblem wiederholt an, doch konnte sie es damit nicht lösen. Warum erzielte die Technik nur eine 95 %ige Wirkung? Warum keine 100 %ige? Was wurde versäumt? Vor einigen Monaten fanden wir den Schlüssel zur Lösung des Problems. Ich testete gerade den Pectoralis major clavicularis meiner Frau, während sie sich vorstellte, wie Hunde auf sie zukommen, wie sie einen Hund berührt, wie sie die Gefühle entwickelt, die sie hat, wenn sie von Hunden umgeben ist, etc. Als ich ihr sagte „Höre einen Hund bellen", wurde der Muskel schwach. Es war so einfach! Bei der Anwendung der ESR-Technik in bezug auf Hunde hatte sie sich nicht auf die Geräusche von Hunden konzentriert. Rückblickend ist es leicht festzustellen, warum beim Laufen die Hunde noch immer eine Streßreaktion auslösten. Wenn sich Hunde vor uns befinden, können wir sie sehen. Wenn sie jedoch hinter uns sind, so daß wir sie nicht sehen können, müssen wir uns auf unseren Hörsinn verlassen, um sie wahrzunehmen. Unglücklicherweise ist jedoch das Geräusch der eigenen Füße (Schritte) lauter als das des sich von hinten nähernden Hundes. Für uns war es erstaunlich, daß Bernie bei der Anwendung der Technik in bezug auf Hunde die auditive Komponente in die Befreiung von Streß nicht miteinbezogen hatte. Es war aber eine wertvolle Erfahrung, da wir erkannten, daß, wenn die Technik nicht die größtmögliche Wirkung erzielt, man sich vielleicht auf einen spezifischen Sinn konzentrieren muß — den Gesichts-, Gehör- , Geschmacks- oder Tastsinn, um den Streß zu lindern, den der sensorische Input hervorgerufen hat. Noch wichtiger jedoch war die Tatsache, daß uns ein weiteres Forschungsfeld eröffnet wurde.

Beobachten Sie einmal, wenn Sie sich mit einem Freund unterhalten, wie er seine Augen in verschiedene Richtungen bewegt, je nachdem ob er über Dinge aus der Vergangenheit spricht, lebhafte

Beschreibungen von Zukunftsplänen etc. Ohne ihm mitzuteilen, was Sie vorhaben, können Sie ebenso seine Augen beobachten, während Sie verschiedene Arten von Fragen stellen. Fragen Sie z. B.: „Kannst du dich an das erste Auto in eurer Familie erinnern? Was für eine Marke war es? Welche Farbe hatte es?" In welche Richtung bewegten sich die Augen? Nach links-oben? Fragen Sie dann: „Wenn du wohlhabend wärst, welches Auto würdest du besitzen?" Wohin bewegten sich seine Augen jetzt? Nach rechts-oben? Zum Schluß könnten Sie sagen: „Stell dir vor, du würdest das Auto besitzen (Porsche, Cadillac oder was auch immer genannt wurde) und hinter dem Steuer sitzen. Wie würdest du dich fühlen?"

Unser Interesse gilt nicht so sehr den spezifischen Blickrichtungen, als vielmehr der allgemeineren Tatsache, daß wir durch den Blick in verschiedene Richtungen, jeweils Zugang zu verschiedenen Teilen des Gehirns bekommen. Beim neuro-linguistischen Programmieren (NLP) wird dies verwendet um festzustellen, wie eine Person Information verarbeitet, um ihr dann zu zeigen, wie sie effektiver mit anderen kommunizieren kann.

In Anbetracht der NLP-Methode wollte ich herausfinden, welche spezifische Blickrichtung Zugang zu dem Teil des Gehirns ermöglichte, in dem meine Frau die Erinnerungen an die Geräusche von Hunden speicherte. Es war die Drehung des Auges nach rechts-unten. Wenn Bernie an Hunde dachte, war ihr Pectoralis major clavicularis stark, außer wenn sie nach rechts-unten blickte. Daraufhin legte sie die Finger auf die Stirnbeinhöcker und befreite sich von Streß, während sie sich Hunde vorstellte und dabei nach rechts-unten schaute. Nach ungefähr einer Minute testeten wir den Muskel noch einmal und stellten fest, daß er stark blieb, (1) als sie sich vorstellte, sie höre Hunde, und (2) als sie sich Hunde vorstellte und dabei nach rechts-unten schaute. Jetzt hatte sie beim Laufen keine Angst mehr vor Hunden. Weitere Forschungen ergaben, daß beim Gedanken an ein spezifisches streßauslösendes Thema oder ein Ereignis die Augen in viele verschiedene Richtungen gedreht wurden, und daß diese Drehungen den starken Indikatormuskel schwach werden ließen, da wahrscheinlich jede Drehung Zugang zu einem Teil des Gehirns verschaffte, in dem eine streßauslösende Erinnerung zum Thema oder Ereignis gespeichert wurde. Die Anwendung der ESR-Technik bei gleichzeitigem Blick in die entsprechenden Richtungen eliminierte den Streß, ohne daß wir erst die genaue Situation herausfinden mußten.

Dies war für uns ein bedeutender Durchbruch. In unserer Biokinesiologie-Therapie stellen wir fest, welches der siebzig möglichen Programme („Creative Health Programs") sich beim Klienten nicht im Gleichgewicht befindet. Jedes Programm steht für eine andere psychologisch/physiologische Unterbrechung und erlaubt uns, die Emotionen, Akupressurpunkte und möglichen Nahrungsmittel zu bestimmen, die zur Wiederherstellung des Gleichgewichts beitragen. Bei jedem Programm wird mit fünf verschiedenen Emotionen gearbeitet.

Gewöhnlich zeigten wir den Klienten, wie sie mit den positiven Emotionen arbeiten sollten, doch diese Arbeit war nicht immer erfolgreich. Sagen wir einmal, Sie neigen dazu, sich bei vielen Dingen des Lebens unsicher zu fühlen. Wenn Sie sich vorstellen würden, Sie seien sicher, würde dies manchmal den entgegengesetzten Effekt haben. Der Gegensatz zwischen dem Gefühl der Sicherheit und der Realität würde einfach noch deutlicher zeigen, wie unsicher Sie wirklich sind; es würde Sie deprimieren und Ihnen die Hoffnung auf Besserung der Situation nehmen. Dies ist ein Grund dafür, daß wir die anderen, in späteren Kapiteln beschriebenen Techniken in unsere Therapiearbeit integrierten. Die Unausgeglichenheiten, die wir mit den kreativen Gesundheitsprogrammen korrigieren wollten, wurden oft durch ein spezifisches traumatisches Ereignis oder eine traumatische Zeit ausgelöst. Wir stellten fest, daß wir noch schnellere Erfolge erzielten, wenn wir den Streß linderten, den das Ereignis und alle weiteren, dieselben Gefühle berührenden Ereignisse hervorriefen, bevor wir den Klienten zuhause mit den positiven Emotionen arbeiten ließen. Dies war ein zeitraubender Prozeß für uns, besonders wenn wir in die Kindheit zurückgingen und der Klient sich an diesen Lebensabschnitt nicht gut erinnern konnte. Mit unserer neuen Technik konnten wir jetzt aber den Streß lindern, den solche traumatischen Erlebnisse hervorriefen, ohne sie identifizieren zu müssen. Angenommen der Klient war in seinen Gefühlen dadurch stark verletzt worden, daß er in seiner Jugend von einem engen Freund verraten worden war und daß jüngere Beispiele von Illoyalität von Seiten anderer Freunde „dieselben Knöpfe gedrückt hatten." Mit Hilfe des Muskeltests deckten wir jene Ereignisse auf und linderten dann den damit verbundenen Streß. Jetzt konnte der Klient entweder sich mit dem Gefühl des Verratenwerdens auseinandersetzen oder die entgegengesetzte positive Emotion (z. B. „Ich fühle mich als Freund akzeptiert") leise vor sich hin sagen, während die Finger die Stirnbeinhöcker berührten und die Augen langsam in einem großen Kreis erst in die eine Richtung und dann in die andere rotierten. Diese Rotationen deckten alle Augenstellungen ab, die Zugang zu den Teilen des Gehirns verschafften, die Erinnerungen an Verrat enthielten, unabhängig davon, welche Situation zugrunde lag. Wenn der Klient an die negative Situation dachte, ließen wir ihn das Ganze mit der entgegengesetzten positiven Emotion wiederholen, in diesem Fall mit der Vorstellung „Ich fühle mich als Freund akzeptiert". Oft gehen Klienten bei der Arbeit mit Augenrotationen zu schnell vor und befreien sich nicht gänzlich von Streß. In diesem Fall ist es hilfreich, mit dem Finger die ersten zwei oder drei Male das Tempo vorzugeben, so daß sie ein Gefühl dafür bekommen. Ob die ESR-Technik erfolgreich durchgeführt wurde, kann am schnellsten festgestellt werden, wenn beide Pectoralis-major-clavicularis-Muskeln getestet werden. Dann läßt man den Klienten die positive Emotion „Ich fühle mich als Freund akzeptiert" sagen, während man einen Arm bei geöffneten und dann geschlossenen Augen testet und dieses Vorgehen am andern Arm wiederholt. Wenn der Muskel in irgendeinem der vier Testabschnitte schwach wird, gibt es noch Streß, der gelindert werden muß; die Augenrotationen müssen dann wiederholt werden.

In der Biokinesiologie legen wir Alufolie auf verschiedene Körperteile — auf Nabel, Kopf oder unter die Fußwölbung etc. —, um verschiedene Informationen zu erhalten oder den Körper in einen Streßzustand zu versetzen und so Unausgeglichenheiten aufzudecken. Nach wochenlanger Forschung haben wir herausgefunden, daß wir die Effektivität der Technik zur Befreiung von emotionalem Streß erhöhen können, wenn wir Alufolie auf die Mitte der Stirn über den Reflexpunkt der Zirbeldrüse (Epiphyse) und unter beide Fersen legen.

Ich möchte ein weiteres Beispiel anführen. Letztes Jahr, ungefähr zwei Monate, bevor wir heiraten wollten, gab es ein Feuer in Bernies Wohnung in Seattle, Sie verlor praktisch alles, was sie besaß.

Seit dieser Zeit fand Bernie keinen Spaß mehr daran, einkaufen zu gehen. (Wenn es einer Frau keinen Spaß mehr macht, einkaufen zu gehen und Geld auszugeben, liegt wirklich ein Problem vor.) Offensichtlich erinnerte sie ein Einkaufsbummel an die Käufe, die sie tätigen mußte, um die durch das Feuer zerstörten Dinge zu ersetzen. Sogar das Einkaufen von Lebensmitteln war schwierig. Sie konnte überhaupt keine Mahlzeiten planen und kaufte nur für den jeweiligen Tag ein. Sobald wir entdeckten, wo das Problem lag, setzte Bernie die ESR-Technik mit Konzentration auf Einkaufen und Feuer ein und rotierte dabei die Augen. Den Einkaufsbummel am nächsten Tag genoß sie tatsächlich; sie plante und kaufte Lebensmittel für eine ganze Woche und gab viel Geld aus (Ich frage mich, ob diese Technik auch umgekehrt eingesetzt werden kann?!)

Kapitel 5
Affirmationen

Wir entwickeln uns entsprechend unseren Vorstellungen. Wenn wir uns als Versager betrachten, dann werden wir auch Versager. Wenn wir von unsern Eltern ständig hören „Oh, du bist solch ein Tolpatsch! Du bist immer so unbeholfen" — raten Sie einmal, was dann aus uns wird? Ja, Sie haben richtig geraten. Wörter haben eine starke Kraft, und die meisten von uns haben sich durch wiederholte Gedanken oder Aussagen selbst programmiert oder sind von anderen konditioniert worden. Der positive Aspekt dabei ist jedoch, daß wir nicht so bleiben müssen. Entsprechend dem Material, das wir unserem Geist zur Verarbeitung geben, kontrolliert er unsere Handlungen, Emotionen und Einstellungen. Füttern Sie den Geist mit negativem Input, und er reagiert negativ („Abfall rein, Abfall raus"); füttern Sie ihn mit positiver Information, und er reagiert positiv. Aus diesem Grund können wir mit Hilfe von positiven Gedanken und Aussagen bestehende Gewohnheiten ändern, neue Gewohnheiten und neue Verhaltensweisen entwickeln. Der Einsatz von Affirmationen ist dabei einer der effektivsten Wege, solche Veränderungen herbeizuführen.

Eine Affirmation ist ein positiver Gedanke, den Sie in Ihr Bewußtsein verankern, um einer Vorstellung entgegenzuwirken, die nicht mehr angemessen ist. Unter den vielen Möglichkeiten des Einsatzes von Affirmationen besteht die einfachste Art darin, sich eine Aussage auszusuchen, von der man sich wünscht, daß sie Wirklichkeit wird, und diese Aussage zehn oder zwanzig Mal niederzuschreiben, ohne sie zu bewerten. Um diese Formel so stark als möglich zu internalisieren, ist es am günstigsten, den Vornamen zu verwenden, zum Beispiel „Ich, John, bin erfolgreich". Ebenso ist es nützlich, die Versicherungen in der zweiten und dritten Person zu schreiben: „Du, John, bist erfolgreich" und „Er, John, ist erfolgreich" —, weil Sie zum großen Teil von anderen Leuten konditioniert wurden.

Eine Affirmation sollte in der Gegenwart geschrieben werden, so als ob man das Ziel schon erreicht hat. Wird sie in der Zukunft geschrieben, führt dies wahrscheinlich zu Zögern und nicht zu den Gefühlen, die das Erreichen des angestrebten Zieles begleiten sollen.

Die dritte Grundregel besteht darin, die Formeln immer positiv zu formulieren. Unsere Wörter erzeugen mentale Bilder. Wenn ich zum Beispiel das Wort „Brücke" sage, werden sich die meisten von uns sofort das Bild einer Brücke vorstellen. Wie ich an anderer Stelle beschrieben habe, kann es die Golden Gate Bridge sein, eine Brücke in der Nähe unseres Hauses, eine Brücke, die uns aus der Kindheit in Erinnerung geblieben ist; bei älteren Menschen kann es auch eine Zahnbrücke sein. Eine negativ verfaßte Affirmation erzeugt gewöhnlich das mentale Bild gerade jenes Zustandes, den wir verändern wollen und trägt paradoxerweise dazu bei, den Zustand aufrechtzuerhalten und zu verstärken. Wenn ich folglich sagen würde „Ich, John, möche nicht länger Zigaretten rauchen", würden die meisten von uns das mentale Bild des Zigaretten-Rauchens entwickeln.

Je mehr man mit einer affirmativen Formel arbeitet, desto schneller erzielt man Erfolge. Die beiden effektivsten Zeitpunkte für die Arbeit mit Affirmationen scheinen jedoch die Zeit nach dem Aufwachen und vor dem Einschlafen zu sein. Beim ersteren lassen Sie den Tag positiv beginnen; im Schlaf ruht Ihr Bewußtsein; wenn Sie also kurz vor dem Einschlafen bewußt positive Gedanken und Gefühle entwickeln, erhöhen Sie die Chancen, daß sich danach Ihr Unterbewußtsein mit denselben positiven Gefühlen beschäftigt. Mit irgendetwas wird es sich sowieso beschäftigen, deshalb sollen Sie es lieber für Sie als gegen Sie arbeiten lassen. Viele Menschen gehen zu Bett und machen sich Gedanken darüber, was im Laufe des Tages alles falsch lief und was am folgenden Tag falsch laufen wird; sie wundern sich dann, wenn sie am Morgen aufwachen und müde sind. Mentale Formeln vor dem Einschlafen erhöhen die Wahrscheinlichkeit, daß Sie unbeschwert schlafen, während Ihr Unterbewußtsein Sie umprogrammiert.

Einer der Hauptgründe dafür, daß die Formeln funktionieren, liegt in der regelmäßigen Wiederholung. Je mehr man mit ihnen arbeiten kann, desto effektiver sind sie. Deshalb sollten sie an verschiedenen Stellen verfügbar sein: am Bett, im Portemonnaie oder in der Brieftasche; heften Sie die geschriebene Formel an die Sonnenblende in Ihrem Auto, tragen Sie die geschriebenen Vorstellungen auf handlichen Kärtchen mit sich, die Sie leicht aus der Tasche ziehen können, während Sie auf den Bus warten. Denken Sie aber daran, daß diese Formeln ein persönliches Ziel enthalten; Sie sollten sie nicht an eine deutlich sichtbare Stelle wie z.B. an einen Spiegel heften, außer wenn andere Mitglieder des selben Haushaltes Ihre Ziele unterstützen. Wenn Sie mit der Formel eine stark verfestigte Gewohnheit ändern wollen, so wäre es wohl nicht wünschenswert, daß sich jemand über Sie lustig und Ihre Anstrengungen zunichte macht. Wenn Leute um Sie herum eine negative Einstellung haben oder nicht an den Wert der Techniken wie Affirmationen glauben, ist es besser, nichts davon zu erwähnen und vielleicht in Betracht zu ziehen, neue Freunde mit einer positiveren Einstellung zu gewinnen. Bevor Sie jemandem erzählen, was Sie machen, und Ihnen vorgeworfen wird, Sie würden anderen Ihre Vorstellungen eintrichtern, sollten Sie besser warten, bis man die positiven Veränderungen in Ihnen bemerkt und sich veranlaßt sieht zu fragen, was Sie gemacht haben. Manchmal werden Sie bei der Arbeit mit Formeln eine negative Reaktion feststellen — fast so, als ob ein Teil Ihres Unterbewußtseins gegen die erwünschte Veränderung ankämpft. Was auch immer Sie machen, geben Sie nicht auf! Es zeigt Ihnen einfach nur, wie wichtig die Arbeit mit dieser bestimmten Formel ist. Eine in solchen Situationen besonders nützliche Technik ist das, was ich *Reaktionsauslöschung* nenne. Schreiben Sie auf die linke Seite eines Blattes die Formel und auf die rechte Seite sofort danach die Gedanken, die Ihnen durch den Kopf schießen, ohne sie zu bewerten. Schreiben Sie weiter die Affirmation auf die linke Seite und auf die rechte Seite die negativen Reaktionen, die von der Affirmation hervorgerufen werden, bis keine weiteren Reaktionen mehr auftreten. Zu Beginn stellen Sie vielleicht recht heftige negative Reaktionen fest wie „Lügner" oder „Du scherzt wohl!", diese Reaktionen verlieren allmählich an Heftigkeit, bis sie Zustimmung ausdrücken — „Ich schätze, ja." Dann stellt man eine immer stärkere Akzeptanz fest — „Sicher, ich schaffe es". Schließlich löscht man jeden im

Unterbewußtsein verankerten Widerstand gegen die Affirmation aus.

Wie weiß man, wann man die Technik der „Reaktionsauslöschung" anwenden muß? Affirmationen sind sehr effektiv, wenn man sie gefühlsbetont aussucht während man sich in Spiegel anschaut. Wenn Sie eine Formel wie „Ich, Jane, liebe mich bedingungslos" nicht in den Spiegel sagen können, können Sie auf irgendeine vom Unterbewußtsein ausgelöste Reaktion schließen, und es wäre ratsam, die Technik der „Reaktionsauslöschung" anzuwenden.

Wie bei der Zielsetzung, so verhält es sich auch bei der Anwendung der Affirmation: je genauer die Formulierung, desto effektiver die Formel. Ein Beispiel: Ende Januar 1979, als wir in Eugene, Oregon lebten, beschloß ich, am Nike-Marathon in jenem Jahr teilzunehmen. Es sollte mein erster Marathonlauf sein, und ich wollte die Strecke in weniger als drei Stunden zurücklegen; deshalb wählte ich als Formel: „Am 9. September laufe ich einen Marathon in weniger als drei Stunden." Sowohl Datum als auch Zeit waren sehr genau, obwohl ich eine schnellere Zeit laufen und nicht in Konflikt mit dem als Formel gefaßten Ziel kommen konnte, war es durch den Gebrauch der ersten Person Singular personenbezogen und in der Gegenwart geschrieben. Als erstes am Morgen und als letztes am Abend las ich mir dies vor dem Spiegel vor. Zunächst erschien das Ziel zu unrealistisch. Ich war zuvor schon gelaufen, nicht weil es mir Spaß machte, sondern weil ich mich auf die Fußballsaison vorbereitete. Ich begann, ernsthaft zu trainieren, und nahm an vielen Volksläufen in Eugene teil. Unter ständiger Anwendung meiner Affirmation begann ich, Spaß am Training zu haben, und wollte unabhängig vom Wetter an sechs Tagen in der Woche trainieren. Zunächst lief ich drei Meilen pro Tag und steigerte dann meine Laufleistung auf sechs und drei Meilen im Wechsel. Die Erhöhung der Meilenzahl ging so schnell voran, daß ich, als ich erfuhr, daß ein Marathon am 6. April in Eugene stattfinden sollte, meine Formel änderte: „Am 6. April laufe ich einen Marathon in weniger als drei Stunden." Ich steigerte meine Meilenleistung und war fünf Monate vor dem ursprünglichen Termin bereit für den ersten Marathon. Am 6. April beendete ich als zweiunddreißigster von 380 Teilnehmern, die das Ziel erreichten, den bergigen Kurs des „Track City Marathon Run" außerhalb Eugenes. Wichtiger war für mich aber, daß ich die Marathonstrecke (42 Kilometer) in 2 Stunden, 50 Minuten, 36 Sekunden zurücklegte, diese Zeit lag beträchtlich unter meinem Ziel von weniger als drei Stunden. Funktionieren Affirmationen? Ich weiß, daß sie es tun.

Wie wirksam Formeln sein können, wird weiterhin durch eine lustige Geschichte verdeutlicht, die ich gehört habe, deren Wahrheitsgehalt ich jedoch nicht überprüft habe. Ein Ehemann hatte anscheinend beschlossen, daß es an der Zeit sei abzunehmen, und um dieses Ziel zu erreichen, gebrauchte er die Formel „Mir macht mein neues Gewicht von 155 Pfund Spaß." Allmählich begann er, Gewicht zu verlieren und sich aufgrund seines Fortschrittes wohl zu fühlen. Seine Frau jedoch begann zuzunehmen und war bestürzt, als sie schließlich erkannten, was bei ihnen vorging. Immer wenn die Frau ins Badezimmer ging, las sie natürlich die Ziel-Karte ihres Mannes, die er an den Badezimmerspiegel geheftet hatte. Nicht nur er erreichte das, was die Formel besagte; auch seine Frau wurde programmiert! Nach diesem Zwischenfall achtete der Mann besonders darauf, seine Affirmationen durch Verwendung seines Namens auf seine Person zu beziehen. Ja, Affirmationen haben eine starke Kraft!

Bevor wir das Thema Affirmationen beenden, möchte ich Sie noch daran erinnern, daß sie nichts Geheimnisvolles enthalten. Wir haben sie schon unser ganzes Leben lang benutzt, doch leider erkennen wir das meistens nicht. Wahrscheinlich können Sie sich alle daran erinnern, daß Leute sagen: „Ich habe Mathe immer gehaßt", „Ich bin so miserabel im Rechtschreiben", „Ich war nie gut darin". Das Tragische besteht darin, daß solche Aussagen das Ganze verstärken und es weniger wahrscheinlich machen, daß Sie sich jemals von diesen Fesseln befreien.

Eine einzige negative Erfahrung im Schulfach Mathematik kann dazu führen, daß wir uns herabsetzen, daß diese niedrige Selbsteinschätzung Gewohnheit wird und wir dadurch so sicher wie Zirkustiere konditioniert werden. Der große Zirkuselephant, den man an einen 12 cm dicken Pfosten gebunden hat, hat auch nicht so begonnen. Als er jung war, hat er tapfer versucht, den 2 m dicken Pfahl aus dem Boden zu ziehen. Als er erkannte, daß er ihn nicht herausziehen konnte, war er geeignet für kleinere Pfähle. Er wußte, er konnte sie nicht herausziehen, also versuchte er es auch nicht. Er war konditioniert, und genau das machen wir auch mit unseren Gedanken. Viele von uns versuchen nicht einmal neue Dinge. Wir befinden uns im Trott, doch es ist bequem für uns, und deswegen erkennen wir es auch nicht als Trott. Wir können jedoch Veränderungen vornehmen und so das Leben aufregender gestalten, es mehr zu einer Herausforderung machen, wenn wir es so wünschen. Eine großartige Möglichkeit, damit zu beginnen besteht darin, die Ziele aufzuschreiben, die man sich für eine Woche, einen Monat, ein Jahr und fünf Jahre gesetzt hat. Unterstützen Sie dies mit Affirmationen.

Die Affirmationen, die ich in diesem Kapitel beschrieben habe, sind verbaler Art gewesen, so wie viele Dinge, die wir in der Schule gelernt haben, z. B. „An apple a day keeps the doctor away" (ein Apfel pro Tag hält den Arzt fern). Wenn wir Zitate aus der Bibel anführen wie z. B. „Ich vermag alles durch den, der mich mächtig macht, Christus", verwenden wir auch die Affirmations-Technik. Affirmationen müssen jedoch nicht verbaler Art sein, Sie können auch *Handlungen* beinhalten. Wenn Sie sich niedergeschlagen fühlen (raten Sie mal, in welche Richtung die Augen blicken), können Sie diesen Zustand überwinden, indem Sie lachen und „Guten Morgen" zu jedem sagen, den Sie treffen. Durch die Handlung ändert sich die geistige Einstellung. Niedergeschlagen zu bleiben, ist schwierig, wenn Sie die ganze Zeit lächeln. Und wir könnten auch viel mehr lächelnde Leute gebrauchen. Es ist schlimm, wenn zwei Psychologen im Fahrstuhl fahren, ein Manager im zweiten Stock zusteigt, mit einem breiten Lächeln „Guten Morgen" sagt, und wenn er dann im sechsten Stock aussteigt, der eine Psychologe zum anderen sagt: „Was hat er wohl damit gemeint?" Ja, wir könnten mehr heitere Leute um uns herum gebrauchen, mehr Leute, die froh sind, daß sie leben.

Der dritte Typ mentaler Formel ist *visueller* Art. Haben Sie jemals den Wunsch, in ein fremdes Land zu reisen, so hängen Sie einige Bilder dieses Landes auf. Sie erinnern Sie ständig an das

Land und verstärken den Wunsch, dorthin zu reisen. Möchten Sie einen bestimmten Berg ersteigen? Haben Sie ein Bild davon an Ihrer Pin-Wand? Sport, erholsame Aktivitäten — visuelle Hilfe funktioniert und kann dazu beitragen, daß das Leben aufregend bleibt. Den Grund nannte Dr. Jim Pollidora von der Universität Davis auf einer Konferenz, an der ich vor zwei Jahren teilnahm: „Man hört nicht auf zu spielen, weil man älter wird; man wird älter, weil man aufhört zu spielen."

Kapitel 6
Schläfenklopfen

Das Schläfenklopfen ist eine weitere Technik, die Sie in Ihr Arsenal von Techniken aufnehmen können und die Ihnen hilft, Gewohnheiten oder Denkweisen zu ändern, die irreführend oder nicht mehr angemessen sind. Ebenso wie die ESR-Technik könnte diese Technik bei Ihnen Erstaunen hervorrufen. Sie ermöglicht Zahnärzten, einige unwillkürliche Funktionen während eines Eingriffs zu kontrollieren: Ihr Würgreflex kann um bis zu 90 % reduziert und das Bluten sowie die Speichelabsonderung kann in hohem Maße eingeschränkt werden. Das Schläfenklopfen kann helfen, Alkoholkonsum zu kontrollieren, kann das Naschen von Süßigkeiten und das Essen von Snacks spät in der Nacht verhindern (eine großartige Hilfe gegen einige ungewollte Pfunde), es kann Phobien durch Mut ersetzen etc. Kurzum, man kann im wesentlichen jede gewünschte positive Gewohnheit oder Handlung verstärken. Sie müssen jedoch den Wunsch nach Veränderung verspüren, es muß moralisch akzeptabel sein und es muß vernünftig klingen (das Gehirn akzeptiert keinen Unsinn oder offensichtliche Lügen).

Diese Technik wird Schläfenklopfen genannt, weil wir während der Anwendung über dem oberen Teil des Ohres herum auf das Schläfenbein klopfen, während wir verbale oder visuelle Stimuli einsetzen. Anscheinend bereiten wir dadurch den Bereich des Gehirns, der für den sensorischen Input verantwortlich ist, auf die Wichtigkeit des entsprechenden Stimulus vor.

Wie funktioniert das? Wir sind uns nicht sicher, aber die Hypothese lautet, daß der Bereich um die Ohren, in dem die höchste Konzentration an Nerven im ganzen Körper vorzufinden ist, ein Filtersystem für den sensorischen Input darstellt. Das Nervensystem ist ständig unzähligen Stimuli ausgesetzt, von denen die meisten keine Reaktion bei uns hervorrufen. All diese Stimuli zu verarbeiten, wäre zu viel für unser System. Stattdessen zieht dieses Filtersystem jene Stimuli heraus, auf die wir reagieren müssen.

Die Filter nehmen Veränderungen in der äußeren Umgebung wahr. Gewöhnlich bemerken wir zum Beispiel einen elektrischen Ventilator, der gerade in Betrieb ist, nicht, nur wenn er zu arbeiten beginnt und wenn er abgestellt wird; beides sind Veränderungen in der auditiven Umgebung. Wenn das Geräusch des Ventilators keine Bedrohung für uns bedeutet, ist es nicht notwendig, ihm ständig Beachtung zu schenken; deshalb blenden wir es aus unserem Bewußtsein aus.

Stellen Sie sich vor, Sie sind auf einer Party. Sie und eine Bekannte sind vertieft in ein Gespräch über ein Thema, das Sie beide interessiert. Sie bemerken zwar beide das allgemeine Stimmengewirr der Unterhaltungen, Sie achten aber nicht darauf, was irgendjemand im Raum erzählt. Wenn jedoch jemand zufällig Ihren Namen erwähnt, drehen Sie sich sofort herum, um zu sehen, wer Ihre Aufmerksamkeit verlangt. Anscheinend hörte Ihr sensorisches System mehr als nur Ihrer Unterhaltung zu, reagierte jedoch nicht darauf — filterte es heraus —, bis Ihr Name genannt wurde. Es war wichtig, Ihre Aufmerksamkeit auf die Nennung Ihres Namens zu lenken, denn jemand mag versucht haben, Sie vor einer Gefahr zu warnen.

Lassen Sie mich ein letztes Beispiel anführen. Vor der Geburt Ihres ersten Kindes haben Sie vielleicht einen gesunden Schlaf gehabt. Nach der Ankunft des Kindes stellten Sie jedoch höchstwahrscheinlich fest, daß Sie immer leicht dann aufwachten, wenn das Baby zu schreien begann. Doch lautere Geräusche in der Nacht weckten Sie nicht auf. Wie kam es dazu? Wiederum scheint es so zu sein, daß Ihr Filtersystem Sie alarmiert und Ihre Aufmerksamkeit auf das lenkt, was von all den eingegebenen Daten am bedeutendsten ist. Ihr Baby verlangt Ihre Aufmerksamkeit, deshalb wachen Sie auf. Die Wahrscheinlichkeit, daß der Ehemann bei demselben Geräusch nicht aufwacht, ist groß. Forscher auf dem Gebiet der Angewandten Kinesiologie haben herausgefunden, daß das Klopfen entlang dem Schläfenbein bei gleichzeitiger verbaler Suggestion die entsprechende Gehirnhemisphäre auf die Bedeutung des Gesagten vorzubereiten scheint.

Die Aussage muß jedoch für jede Gehirnhemisphäre anders formuliert werden. Denn bei einem Großteil der Bevölkerung (vielleicht bis zu 92% von uns) ist die linke Gehirnhälfte der *logische* Teil des Gehirns, der unsere analytischen, verbalen und Schreibfertigkeiten kontrolliert und den Input wie ein Computer linear erhält. Die rechte Gehirnhälfte ist die subdominante oder *Gestalt*-Gehirnhälfte, die künstlerische Hemisphäre, die den Input simultan empfängt und für das Erkennen von Rhythmus und Form verantwortlich ist. Die logische Gehirnhälfte reagiert auf einen positiv formulierten Vorschlag, aber nicht auf einen negativen; die Gestalt-Gehirnhälfte reagiert auf einen negativ formulierten Vorschlag, aber nicht auf einen positiven. Wenn zum Beispiel Ihr Würgreflex stark ist und Sie ihn auf ein Minimum reduzieren möchten, bevor Sie zum Zahnarzt gehen, so klopfen Sie in Ihre logische Gehirnhälfte (gewöhnlich die linke): „Es wird gut gehen, ohne Würgen." In die Gestalt-Gehirnhälfte (gewöhnlich die rechte) klopfen Sie: „Es besteht kein Grund mehr für mich zu würgen." Sie stellen fest, daß beide Aussagen dasselbe Ziel beinhalten, daß die zweite Aussage aber das Wort „kein" enthält; sie ist somit negativ ausgedrückt und kann von der Gestalt-Gehirnhälfte aufgenommen werden. Warum diese Negation notwendig ist, weiß man nicht.

Ein nützlicher Anfang für eine positive Aussage lautet: „Ich komme schon zurecht, ohne ..."; daran können wir dann anschließen: „... zwischen Mahlzeiten zu essen", „... so viel bei einer Mahlzeit zu essen", „... spät in der Nacht noch einen Snack zu mir zu nehmen", „... Alkohol trinken zu müssen" etc; mit diesen Formeln können wir unangemessene Gewohnheiten eliminieren. Wenn wir neue Verhaltensmuster oder Denkweisen entwickeln möchten, könnten wir die Formeln verwenden: „Ich habe Erfolg", „Ich bin ein kompetenter Geschäftsmanager" etc. Die negativen Aussagen, die man der rechten Gehirnhälfte einklopft, würden lauten: „Es besteht für mich keine Notwendigkeit mehr, ...", gefolgt von „... zwischen Mahlzeiten zu essen", „... so viel bei einer Mahlzeit zu essen", „...spät in der Nacht noch einen Snack zu mir zu nehmen", „... Alkohol zu trinken" etc., oder „Ich bin kein Versager", „Ich bin kein inkompetenter Geschäftsmanager mehr" etc.

Manchmal funktioniert die Technik nicht, weil der Körper sich elektromagnetisch nicht im Gleichgewicht befindet. Um dies zu verhindern, sollten Sie einen einleitenden Neutralisationsprozeß durchgehen. Wenn Sie und die assistierende Person sich entspannt fühlen, so legen Sie jeglichen Schmuck ab (aus Metall hergestellter Schmuck kann das elektromagnetische System einiger Leute negativ beeinflussen). Massieren Sie zunächst mit leichtem Druck 20 bis 30 Sekunden die kleinen Vertiefungen, die sich unterhalb und leicht seitlich des Schlüsselbein-Brustbeingelenkes befinden. Massieren Sie dann ungefähr 20 Sekunden lang die Warzenfortsätze, die gerundeten Knochen unmittelbar hinter den Ohrläppchen. Drücken Sie schließlich sechs Mal in rascher Abfolge auf die Warzenfortsätze, wobei Sie einen Druck von ca. 3 Pfund Stärke ausüben. Dieser Schritt beendet den Neutralisationsprozeß. Sie sind jetzt gerüstet für das eigentliche Klopfen. Am einfachsten ist es, das Klopfen im Stehen durchzuführen.

Sollten Sie sich jedoch dafür entscheiden, die Technik im Sitzen oder Liegen durchzuführen, so achten Sie darauf, daß Ihre Beine nicht gekreuzt sind, da dies den Energiefluß im Körper stören könnte. Heben Sie Ihren Arm seitlich bis zur Waagerechten und lassen Sie einen Freund versuchen, ihn herunterzudrücken, um zu testen, ob der Deltoideus-Muskel stark ist. Wiederholen Sie den Test am anderen Arm. Wenn ein Arm oder beide Arme schwach sind, führen Sie den Test mit dem Pectoralis-major-clavicularis-Muskel durch. Der Testende klopft dann mit den drei mittleren Fingern der rechten Hand (der Daumen hält den kleinen Finger zurück) über den linken Schläfenbereich des Getesteten und mit den Fingern der linken Hand über den rechten Schläfenbereich. Das Klopfen wird im schnellen Rhythmus von zwei Schlägen pro Sekunde mit den Fingerkuppen durchgeführt; man beginnt dabei vor dem Ohr und fährt an ihm entlang bis über die Spitze und dann hinter dem Ohr herunter bis zum Warzenfortsatz, wo Sie auch die Neutralisationsmassage durchführten. Die Klopf-Linie verläuft parallel zur Form des Ohres, im Abstand von ungefähr einem Zentimeter über einer knöchernen Erhebung, die man fühlen kann.

Wie wissen wir, ob wir beim Klopfen die positive oder die negative Aussage verwenden sollen. Am einfachsten ist es anzunehmen, daß die linke Hemisphäre die logische Gehirnhälfte ist, und die positive Aussage auf dieser Seite zu klopfen. Wenn Sie dann sofort den zuvor starken Deltoideus-Muskel testen, erhalten Sie die Antwort. Wenn der Muskel stark bleibt, können Sie daraus schließen, daß das Gehirn die Aussage akzeptiert hat. Wenn einer oder beide Arme schwach sind, hat das Gehirn die Aussage nicht akzeptiert. Der am weitesten verbreitete Grund dafür, daß die Aussage nicht akzeptiert wurde, besteht darin, daß Sie versucht haben, die positive Aussage in die Gestalt-Gehirnhälfte oder die negative Aussage in die logische Gehirnhälfte einzugeben. In beiden Fällen wird die andere Art der Aussage akzeptiert, vorausgesetzt, daß sie moralisch akzeptabel ist und die entsprechende Person die Veränderung wünscht und an die Realisierung glaubt.

Den Erfahrungen des Autors zufolge reicht in vielen Fällen der einmalige Einsatz des Schläfenklopfens aus. Wenn Sie nach einigen Tagen feststellen sollten, daß der Effekt nachläßt, können Sie jederzeit das Verfahren wiederholen. In einigen Fällen werden Sie die Wirkung des Schläfenklopfens durch mehrmaliges Wiederholen verstärken müssen. Wenn das Schläfenklopfen nicht effektiv ist, müssen Sie vielleicht das Problem erst mit der ESR-Technik, mit der Technik der „Reaktionsauslöschung" etc. angehen, bevor das Schläfenklopfen Wirkung zeigt. Je besser das Gehirn organisiert ist, desto größer sind die Erfolge. Wenn das Schläfenklopfen nicht funktioniert, mag der Grund darin liegen, daß die entsprechende Person neurologische Disorganisationen aufweist (in diesen Fällen zeigen sich oft Symptome für Lernbehinderungen oder es liegen gemischte Dominanzverhältnisse vor, zum Beispiel Linkshändigkeit und Dominanz des rechten Auges oder Rechtshändigkeit und Dominanz des linken Auges).

Bei der Technik des Schläfenklopfens werden gewöhnlich gesprochene Aussagen eingesetzt. Dies ist jedoch nicht unbedingt notwendig, es könnten auch, wenn es gewünscht wird unter Anwendung der gleichen Methode die verbalen Aussagen durch geschriebene ersetzt werden. Wenn Sie feststellen, daß die Technik bei Ihnen so wie hier beschrieben, nicht funktioniert, können Sie auch visuellen Input verwenden.

Manchmal wollen Sie es vielleicht vermeiden, daß jemand ihre Affirmationen hört. In diesem Fall können Sie auch nur an sie denken. Dies ist allerdings nicht ganz so effektiv wie das hörbare Verbalisieren. Wenn Sie erst einmal herausgefunden haben, welche Hemisphäre bei Ihnen die logische Gehirnhälfte und welche die Gestalt-Gehirnhälfte ist, könnten Sie die Technik bei sich selbst anwenden. Die Neutralisation und das Klopfverfahren werden dabei wie zuvor beschrieben angewendet, mit der einen Ausnahme, daß Sie bei sich mit der linken Hand über den linken Schläfenbereich und mit der rechten Hand über den rechten Schläfenbereich klopfen. Um Verwirrung zu vermeiden, unabhängig davon, ob Sie mit einer anderen Person oder mit sich selbst arbeiten, gilt die einfache Regel: Die Hände kreuzen nicht das Gesicht. Ich würde an der rechten Schläfe einer anderen Person nicht mit meiner rechten Hand klopfen oder an meiner rechten Schläfe nicht mit meiner linken Hand, da in beiden Fällen meine Hand das Gesicht kreuzen würde.

Kapitel 7
Sorgen

Wir dürfen nicht glauben, daß wir unser Leben völlig streßfrei gestalten können, wir können aber lernen, mit Streß richtig umzugehen. Wir haben keine Kontrolle über die äußeren Ereignisse, wir können aber unsere Einstellung ihnen gegenüber kontrollieren.

Das Ehepaar René Tishista und Mary Dempcy haben sieben Streß-Persönlichkeiten entwickelt; diese Persönlichkeitstypen repräsentieren eine Reihe von Reaktionen, die viele Leute zeigen, wenn sie mit verschiedenen Streßsituationen konfrontiert werden. Was jedoch all diese Persönlichkeiten gemeinsam haben, ist die verzerrte Wahrnehmung der Welt, und die Folge falscher Wahrnehmung ist Streß. Allein wenn Sie die Namen dieser Charaktere hören, werden Sie sich selbst teilweise in ihnen wiederfinden und erkennen, daß diese Charaktere Ihre Reaktionen in bestimmten Situationen bestimmen. Die Forscher haben ihre Charaktere folgendermaßen genannt: Innerer Zeitnehmer, Freudemacher, Säbelzahn, kritischer Richter, Streber, innerlicher Schwindel-Künstler, Schwarzseher. Jede dieser „Streß-Persönlichkeiten" verursacht eine Reihe von vorhersagbaren Gesundheitsproblemen. Der Schwindel-Künstler zum Beispiel hat oft Probleme mit Fettleibigkeit, Drogensucht und Alkoholismus. Der Schwarzseher kann nachts nicht einschlafen, oder er wacht um 2 Uhr morgens auf und kann nicht wieder einschlafen, da er sich Sorgen darum macht, was während des Tages schiefgelaufen ist, was im Moment schiefläuft und was morgen schieflaufen wird und welche Folgen daraus entstehen. Die Sorge ist zu solch einer Gewohnheit geworden, daß der Schwarzseher sich sogar etwas heraussucht, um das er sich Sorgen machen kann, egal wie unproblematisch die Dinge dem unbefangenen Beobachter auch erscheinen mögen. Die Gesundheitsprobleme, auf die der Schwarzseher zusteuert, umfassen Schlafstörungen, Magenprobleme und / oder hohen Blutdruck.

Weitere Informationen enthält das Buch „Stress Personalities"; erhältlich bei: Focal Point, P.O. Box 415, Bolinas, California 94924.

Die Tatsache, daß viele von uns einen Großteil ihrer Energie dafür verschwenden, sich unnötig Sorgen zu machen, hat mich dazu veranlaßt, Informationen zu liefern, die unseren Klienten geholfen haben. Für einige Leute kann einfach schon die Aufdeckung des Problems einen großen Schritt in Richtung Eliminierung bedeuten. In diesem Lichte gesehen kann eine Analogie, auf die ich in dem Buch „This is Earl Nightingale" stieß, sehr hilfreich sein. Wenn wir all die Feuchtigkeit, all die Wassertropfen nähmen, die eine dichte, 30 Meter hohe und sieben Stadtteile überziehende Nebeldecke enthält, könnten wir diese Feuchtigkeit in einem Wasserglas zusammenfassen. Ist das nicht unglaublich? Earl Nightingale vergleicht dies mit Sorgen. Die Sorgen ähneln dem Nebel insofern, daß sie unsere Sicht behindern, unsere Perspektive verzerren und unsere Gangart langsam und unsicher werden lassen. Doch wie der Nebel könnten auch die Sorgen in einem Wasserglas zusammengefaßt werden, wenn man sie auf ihre wirkliche Größe reduzieren würde.

Experten haben folgende Einschätzungen geäußert: Von all den Dingen, um die wir uns Sorgen machen, werden 40% nie passieren; 30% gehören der Vergangenheit an, und folglich können all die Sorgen auf der ganzen Welt sie nicht ändern; 12% sind unnötige Sorgen um unsere Gesundheit; 10% sind Sorgen um unbedeutende Dinge verschiedenster Art; es bleiben 8% für Dinge, um die wir uns berechtigterweise Gedanken und Sorgen machen.

92% der Dinge, um die man sich sorgt, wenn man zum Schwarzsehen neigt, werden folglich nie passieren. Entweder gehören sie der Vergangenheit an oder sie verdienen Ihre Aufmerksamkeit nicht. Der größte Teil unserer Sorgen löst sich von selbst auf die eine oder andere Art, oder verschwindet, bevor sie uns überhaupt erreicht haben.

Es ist nutzlos, jemandem zu sagen, daß er sich keine Sorgen zu machen braucht. Wenn Sie jedoch der entsprechenden Person die Analogie mit dem Nebel erzählen oder darauf hinweisen, daß nur 8% der Sorgen wirklich ihre Aufmerksamkeit verdienen, können

Sie ihr gewöhnlich zu einer realistischeren Perspektive verhelfen. Sie können auch die ESR-Technik anwenden, während Sie sich so viel Sie wollen um verschiedene Anlässe sorgen. Die Technik des Schläfenklopfens kann helfen, die Gewohnheit des Sich-Sorgen-Machens zu durchbrechen (z.B. „Ich komme gut zurecht, ohne mir Sorgen machen zu müssen" und „Ich muß mir nicht länger Sorgen machen").

Die Technik der Reaktionsauslöschung kann einige Gründe aufdecken, warum Sie meinen, sich Sorgen machen zu müssen. Es gibt jedoch eine weitere nützliche Technik, die dazu beitragen kann, die Sorgen unter Kontrolle zu bringen. Vrle Minto, der den Autor die Technik gelehrt hat, gab ihr den Namen „Keksdosen"-Technik.

Die Keksdosen-Technik

Jedesmal, wenn Sie an etwas denken, um das Sie sich Sorgen machen, schreiben Sie es auf ein Stück Papier und stecken es in eine große Keksdose — Ihre Sorgendose. Dies nimmt Ihnen die Last, sich immer Gedanken machen zu müssen, bloß nicht zu vergessen, um was man sich eigentlich Sorgen zu machen habe. Es macht auch Ihren Kopf frei für andere Aktivitäten, bis die nächste Sorge auftaucht. Schreiben Sie die Sorge auf und stecken Sie sie dann in die Keksdose, so daß Sie das Sich-Sorgen auf einen späteren Zeitpunkt verschieben können. Einmal pro Woche nehmen Sie sich eine Stunde Zeit und widmen sie ausschließlich dem Sich-Sorgen-Machen! Es kann zum Beispiel am späten Freitagnachmittag sein, so daß man die Sorgen der Woche noch vor dem Wochenende durcharbeiten kann. Zu der festgesetzten Stunde leeren Sie den Inhalt der Keksdose aus. Lesen Sie jedes Stück Papier. Wenn die Sorge nicht länger angebracht ist, vielleicht weil die Situation sich nicht verwirklicht hat oder die Schwiegereltern sich entschlossen haben, doch nicht zu kommen, oder was auch immer der Grund sein mag, ... knüllen Sie das Stück Papier zusammen, während Sie Dankbarkeit dafür verspüren, daß Sie keine Energie für diese Sorge verschwendet haben. Legen Sie jede Sorge, die noch berechtigt ist, beiseite. Nachdem Sie sich durch den Inhalt der Keksdose gearbeitet haben, bleiben vielleicht noch zwei oder drei Papierstücke übrig. Dies ist der Rest von alledem, für was Sie während der Woche Zeit und Sorgen investiert hätten.

Die nächste Aufgabe besteht darin, sich für den Rest der Stunde auf die restlichen, berechtigten Sorgen zu konzentrieren. Man könnte sich Sorgen machen, aber ich schlage vor, daß Sie stattdessen die vielen anderen Techniken anwenden, die in diesem Buch beschrieben werden.

Eine unserer Klientinnen war früher eine unverbesserliche Schwarzseherin. Die Wörter „Sorge" oder „besorgt" tauchten zumindest in jedem dritten Satz auf. Nachdem sie sich erst einmal umprogrammiert hatte und nicht mehr äußerte, daß sie sich über

63

alles Sorgen mache, sondern anfing, an die Dinge zu denken, die ihr ein Gefühl der Beruhigung vermittelten, begann eine wunderbare Veränderung. Jetzt ist sie ganz anders — dynamisch, temperamentvoll, kontaktfreudig, und es macht Spaß, mit ihr zusammen zu sein. Es wäre schön, wenn andere auch diese Veränderung durchmachen würden. Es gibt zu viele aufregende Dinge, die man machen kann, ohne daß man Zeit und Energie dafür verschwenden muß, Magenprobleme und hohen Blutdruck zu bekommen.

Kapitel 8
Verankerung

Manchmal scheinen Sie bei der Streßsituation, mit der Sie gerade arbeiten, trotz des Einsatzes der ESR-Technik keine großen Fortschritte zu machen. Oder Sie befinden sich gerade unter Leuten, so daß Sie die Finger schlecht auf die Stirnbeinhöcker legen können. Für diese Fälle gibt es eine weitere Technik, die leicht zu handhaben und sehr effektiv ist.

Rufen Sie die streßauslösende Situation möglichst detailliert in Ihr Gedächtnis zurück. Wenn Sie die damit assoziierten Gefühle spüren, drücken Sie mit einer Hand eine bestimmte Stelle des Körpers (A), z. B. Knie, Schulter oder Fußgelenk. Der Druck sollte so stark sein, daß Sie die Berührung leicht spüren können.

Konzentrieren Sie sich dann auf eine für Sie sehr positive Erfahrung, z. B. wie Sie an jenem Strand auf Hawaii liegen, wie Sie den Gipfel eines Berges erreichen etc.; drücken Sie dann mit der anderen Hand auf eine andere Körperstelle (B). Gehen Sie jetzt wieder zur Streßsituation zurück, mit dem Unterschied, daß Sie jetzt, wenn Sie Kontakt zur Situation hergestellt haben, die Punkte A und B gleichzeitig drücken.

In einigen Fällen ist es angebracht, das gesamte Vorgehen zu wiederholen.

Es scheint so zu sein, daß der Gedanke an die Streßsituation und der kräftige Druck auf die Körperstelle A vom Gehirn verankert werden. Ähnlich verankert das Gehirn auch die positive Situation mit Körperstelle B. Wenn man Punkt A berührt, erhält man Zugang zu den assoziierten negativen Gefühlen. Die Berührung von Punkt B ruft die positiven Gefühle hervor. Gleichzeitiges Berühren der Punkte A und B bewirkt, daß beide Gefühle gleichzeitig aufkommen. Gewöhnlich resultiert daraus eine „Entschärfung" der Streßsituation. Praktizieren Sie es an sich selbst oder an einem Freund.

Die Effektivität dieser Technik wird so manchen in Erstaunen versetzen.

Kapitel 9
Gehirnintegration

Jeder von uns kennt sicher Leute, die tapfer gegen bestimmte Gewohnheiten ankämpfen, denen aber immer ein Strich durch die Rechnung gemacht wird. Manchmal haben sie deswegen keinen Erfolg, weil ihre zwei Gehirnhälften sich hinsichtlich des spezifischen Problems in Widerspruch befinden. Wir haben dies bei uns selbst vielleicht auch schon beobachtet. Wie oft schon waren wir uns vom logischen Standpunkt aus klar darüber, was das Beste für uns ist, haben dann aber irgendwie die Situation sabotiert, so daß wir das Ziel nicht erreichten? Wir wissen vielleicht, daß es sinnvoll für uns ist, zur Abendschule zu gehen: Der Abschluß würde unsere Chancen, die gewünschte Arbeitsstelle zu bekommen, erheblich erhöhen. Die Logik jedoch setzt sich nicht durch, weil wir zwei verschiedene Arten des geschickten Zögerns entwickeln (Saki würde es als „elaborierte Sorglosigkeit bezeichnen), bis wir feststellen, daß wir den letzten Anmeldetermin für den Unterricht verpaßt haben. Wir können uns vielleicht selbst „einen Tritt geben" dafür, daß wir die Gelegenheit versäumt haben und uns heftige Vorwürfe machen, wir sollten aber eher erkennen, daß es einen Grund für unser Zögern, unser Nicht-Handeln gegeben hat. Irgendein Teil von uns wollte den Abschluß nicht erreichen. So wie es vielleicht für unsere logische Gehirnhälfte eine Reihe von gerechtfertigten Gründen für die Annahme gab, daß die Anmeldung zu jenen Kursen das Beste für uns sein würde, so gab es für einen anderen Teil von uns, gewöhnlich die Gestalt- oder künstlerische Gehirnhälfte, andere und zwingendere Gründe dafür, den Termin nicht einzuhalten. Das Ergebnis: Nicht-Handeln. Und wenn wir nicht erkennen, was eigentlich passiert — daß zwei Teile (zumindest) unseres Gehirns einen Konflikt austragen — und wir diesen Konflikt nicht zu lösen versuchen, kann das Ausbleiben von Fortschritten leicht zu starker Frustration, zu einem Gefühl des Versagens und zu niedrigem Selbstwertgefühl führen.

Einer meiner Freunde, der früher über 300 Pfund wog, nahm

sehr stark ab und begann, gut proportioniert auszusehen. Dies kommentierte seine Frau einige Male mit den Worten: „Wauh, siehst du gut aus. Ich muß jetzt wirklich auf die Frauen aufpassen, mit denen du Kontakt hast." Plötzlich hörte er auf abzunehmen. Es dauerte eine ganze Zeit, bis erkannt wurde, daß fast mit Sicherheit eine Verbindung zwischen den Komplimenten seiner Frau und dem Ausbleiben einer weiteren Gewichtsabnahme bestand. Vom logischen Standpunkt aus wollte er natürlich noch immer gerne abnehmen, aber ein Teil von ihm fühlte sich bedroht. Höchstwahrscheinlich sagte ein Teil von ihm: „Ich weiß nicht, wie ich mit der Situation zurechtkommen soll, wenn Frauen mit mir flirten. Lieber ziehe ich es vor, mich nicht mit dem Problem zu konfrontieren." Das Unterbrechen einer weiteren Gewichtsabnahme und die Verhinderung des Problems, das auftreten könnte, wenn Frauen ihn attraktiv finden, wurden zum Ziel eines Teils von ihm. Er hatte damit jetzt zwei widersprechende Ziele: weiter abzunehmen und nicht mehr weiter abzunehmen. Die Ironie in dieser Situation bestand darin, daß die als Komplimente gemeinten Kommentare die entgegengesetzte Wirkung auf den Ehemann hatten.

Mittlerweile sind Ihnen wahrscheinlich Situationen eingefallen, in denen Sie einen Kampf zwischen Ihrer linken Gehirnhälfte (gewöhnlich die logische) und Ihrer rechten Gehirnhälfte (die künstlerische) festgestellt haben. Haben wir wissenschaftliche Beweise dafür, daß es zwischen Teilen des Gehirns zu Konflikten wie diesen kommen kann? Ja. Nehmen wir als Beispiel eine Art des Stotterns, bei dem die linke und die rechte Gehirn-Hemisphäre um Kontrolle konkurrieren. Ein fünf Jahre alter Junge, der stottert, kann die Fähigkeit besitzen zu sprechen, und beide Hemisphären können verantwortlich dafür sein. Wenn man durch Injektion in die linke Halsschlagader die linke Gehirnhälfte betäubt, so daß sie nicht mehr funktionieren kann, kann der Körper klar weitersprechen; das Sprechen kommt also aus der rechten Gehirnhälfte. Wenn die rechte Gehirnhälfte betäubt wird, hört das Stottern auch auf, der Junge würde also ohne Schwierigkeiten weitersprechen; dies würde deutlich zeigen, daß sein Sprechen auch aus der linken Gehirnhälfte kommen kann. In dieser Situation ist jede

Gehirnhälfte fähig zu sprechen. Wenn jedoch beide Gehirnhälften zur gleichen Zeit versuchen zu sprechen, führt die Konkurrenz dazu, daß keine Hemisphäre das Sprechen kontrollieren kann; die Folge ist Stottern, d. h. eine Art von Sprechen, das für den einzelnen eine Fehlfunktion darstellt. Es kann ganz offensichtlich zu Differenzen zwischen den beiden Gehirnhälften kommen.

Die gute Nachricht lautet, daß es eine schnelle und einfache Methode gibt, zu bestimmen, ob die beiden Gehirnhälften „einiggehen". Die linke Gehirnhälfte kontrolliert die rechte Seite des Körpers und die rechte Gehirnhälfte die linke Seite. Um nun zu bestimmen, ob jede Hemisphäre für oder gegen ein bestimmtes Ziel ist, testen wir zunächst einen starken Muskel (z. B. Pectoralis major clavicularis oder Deltoideus) auf jeder Körperseite. Dann sprechen wir das Ziel aus und testen die zuvor starken Muskeln (also beide) noch einmal. Wenn der Muskel auf nur einer Körperhälfte jetzt schwach testet, dann herrscht hinsichtlich der Aussage keine Übereinstimmung zwischen beiden Gehirnhälften. Wenn zum Beispiel die Aussage „Es macht mir Spaß, Gewicht zu verlieren" zu einer Schwächung des Muskels auf der linken Seite führt, würde dies anzeigen, daß die rechte Gehirnhälfte „abgeschaltet" wurde oder der Aussage nicht zustimmte. Die eine Gehirnhälfte würde sagen: „Ja, ich stimme zu", während die andere Hemisphäre sagen würde: „Nein, ich stimme nicht zu!" Offensichtlich gibt es einen Konflikt zwischen den beiden. Bei den meisten Menschen ist die linke Gehirnhälfte die logische, analytische, objektive Hemisphäre, die rechte dagegen die Gestalt- oder künstlerische, holistische, subjektive Hemisphäre. Deshalb gibt bei den meisten von uns der rechte Arm den logischen Standpunkt wieder, der linke dagegen die emotionale Reaktion. Es ist jedoch unbedeutend, welche Gehirnhälfte mit dem Ziel nicht einverstanden ist: die Korrektur ist für beide Varianten die gleiche.

Um die beiden Gehirnhälften so zu integrieren, daß Übereinstimmung zwischen ihnen herrscht, heben Sie den Arm seitlich bis zur Waagerechten, mit den Handflächen nach vorn gerichtet. Stellen Sie sich die linke Hemisphäre in der linken Handfläche und die rechte Hemisphäre in der rechten Handfläche vor. Während Sie ihr beabsichtigtes Ziel verbalisieren, sich visuell vorstellen oder fühlen, bringen Sie beide Handflächen (Hemisphären) zusammen, wobei die Finger ineinandergreifen, und einen gewissen Druck aufeinander ausüben, um die beiden Hemisphären zu integrieren.

Testen Sie erneut die beiden Arme, während Sie das erwünschte Ziel verbalisieren. In den meisten Fällen sollten jetzt beide Arme stark testen, was bedeutet, daß nun beide Hemisphären hinsichtlich des Ziels übereinstimmen. Manchmal muß die Technik wiederholt werden, weil die Integration beim ersten Mal nicht erzielt werden konnte. Gelegentlich werden die beiden Gehirnhälften zwar auch integriert, aber beim abermaligen Test der Zielvorstellung werden nun beide Arme schwach; dies zeigt an, daß der Gedanke an dieses Ziel Streß erzeugt. In solch einem Fall reicht das Anwenden der ESR-Technik gewöhnlich aus, um anschließend von beiden Armen starke Reaktion und die Integration der beiden Gehirnhälften hinsichtlich des gewünschten Zieles zu erhalten.

Wie schnell können Erfolge erzielt werden? Eine Freundin von mir war zuerst entsetzt, dann entzückt, als sie getestet und dabei festgestellt wurde, daß ihre Gehirnhälften hinsichtlich ihres Wunsches abzunehmen im Konflikt standen. Nachdem die Technik der Gehirnintegration angewandt worden war, verlor sie gleich in der ersten Woche 18 Pfund und das, ohne daß sie sich irgendwelcher bewußter Veränderungen gewahr geworden wäre.

Kapitel 10
Veränderung von Gewohnheiten

Wenn ich zu einer Gruppe von Leuten das Wort „Brücke" sagen würde, ohne weitere Wörter hinzuzufügen, was würde ich diesen damit mitteilen? Sehr wenig. Wenn ich mit anderen Leuten spreche, entwickeln sie in ihrem Geist Bilder, die auf dem basieren, was ich sage. Je stärker deren Bild dem meinigen ähnelt, desto effektiver ist wahrscheinlich die Kommunikation. Es gibt jedoch individuelle Unterschiede bei den Bildern, die gedanklich vorgestellt oder erinnert werden; diese Unterschiede hängen von den früheren Erfahrungen der einzelnen Personen ab. Wenn ich der anderen Person ein unklares Bild vermittle, können leicht Mißverständnisse entstehen, eine gängige Ursache für Ehestreitigkeiten, für den Ärger zwischen Arbeitgeber und Angestellten etc. Wir können dieselben Wörter hören und doch verschiedene Dinge darunter verstehen; deshalb ist es ein nützliches Prinzip, im Gespräch mit einer anderen Person anzunehmen, daß man gar nichts weiß über das, was der andere beschreibt, aufmerksam zuzuhören und entsprechende Fragen zu stellen, um klar das zu verstehen, was die anderen vor ihrem geistigen Auge sehen und uns mitzuteilen versuchen.

Kommen wir noch einmal zum Wort „Brücke" zurück. Welches Bild kam Ihnen? Einige von Ihnen haben wahrscheinlich die Golden Gate Bridge in San Francisco gesehen; oder war es die London Bridge? Andere haben vielleicht eine kleine Brücke auf dem Land gesehen, die entweder in der Nähe ihres Heimes steht oder die in der Kindheit eine Rolle spielte. Einige haben vielleicht ihre Zahnbrücke gesehen. Die Sache ist die, daß die meisten Leute etwas sehen. Wir denken nämlich meist in Bildern. Wir entwickeln uns entsprechend unseren Vorstellungen. Wenn wir an Versagen denken, sehen wir uns als Versager und werden wahrscheinlich Versager. Wenn wir an Erfolg denken, sehen wir uns als erfolgreiche Menschen und werden erfolgreich. Sie erkennen jetzt wahrscheinlich, warum es schwieriger ist, sich von der negativen Gewohnheit zu befreien, wenn man sich auf sie konzentriert. Wenn Sie ständig zu sich selbst sagen: „Ich muß aufhören zu rauchen", „Ich kaufe keine Zigaretten mehr." etc., wie sehen Ihre Bilder aus? Rauchen und Zigaretten, richtig? Wir müssen uns aber durch unsere Vorstellungen von der Gewohnheit befreien. Ein klares bewußtes Bild von uns, so wie wir gerne sein würden, ermöglicht Entscheidungen, bewußte oder unbewußte, die allmählich zum Erreichen des Zieles führen. Nehmen wir einmal an, daß Sie Raucher sind und daß Sie beschlossen haben, etwas für Ihre Gesundheit und die Ihrer Freunde zu tun, indem Sie Nichtraucher werden. Wenn wir die in Ihrem Gehirn gespeicherte Informationen über Rauchen analysieren würden, fänden wir vielleicht nur neuere, das Rauchen verurteilende Artikel, die Ihre Absicht, das Rauchen aufzuhören, unterstützen würden. Denken Sie aber einmal an all die Erfahrungen zu Gunsten des Rauchens — es gab Ihnen ein Gefühl des Erwachsen-Seins, Sie glaubten, mehr darstellen zu können, es war eine Möglichkeit, sich gegen die Eltern aufzulehnen, es ermöglichte Ihnen, sich als Teil der Gruppe zu fühlen; jeder im Büro rauchte, nicht wahr? Das Rauchen verschaffte Ihnen im Büro eine Pause; es war ganz normal zu rauchen, wenn man eine Tasse Kaffee trank; Sie entspannten sich nach einer Mahlzeit mit einer Zigarette; es half Ihnen, am Ende eines Tages zur Ruhe zu kommen etc. Kein Wunder, daß es hart für Sie wird, das Rauchen aufzugeben. Die meisten in Ihrem Gehirn gespeicherten Erinnerungen sind zu Gunsten des Rauchens. Bis Sie die ganze Angelegenheit ein wenig mehr ausbalanciert haben, könnte es wirklich schwierig für Sie werden.

Stellen Sie sich vor, daß Sie reif genug sind, um sich nicht länger gegen die Eltern auflehnen zu müssen. Sehen und fühlen Sie sich als stark genug, um nicht mehr rauchen oder irgendetwas anderes tun zu müssen, um so die Anerkennung der Gleichaltrigen zu gewinnen. Sehen Sie sich als interessanten, geistreichen Gesprächspartner, an dem die Leute ein wirkliches Interesse haben, weil Sie so sind. Sehen Sie sich als so stark, daß Sie nicht länger Entschuldigungen dafür suchen müssen, daß Sie die Arbeit unterbrechen, oder daß Sie etwas in den Fingern haben müssen, damit Sie beschäftigt sind. Stellen Sie sich vor, wie die Farbe Ihres Lungengewebes langsam von einem düsteren, leblosen, Belastung signalisierenden Grau in ein weiches, lebhaftes, dynamisches Rosa übergeht. Stellen Sie sich vor, daß Ihr Bankkonto wächst, da Sie das Geld, das Sie wöchentlich für Zigaretten ausgaben, jetzt sparen. Was werden Sie sich für das Geld kaufen? Sehen Sie sich ohne diese widerlichen, vom Nikotin gezeichneten gelben Finger — sie haben ihre ursprüngliche Farbe zurückgewonnen. Stellen Sie sich Ihren Hals und Ihre Bronchien vor: wie die momentan noch zerstörten Flimmerhärchen wieder arbeiten. Malen Sie sich Szenen aus, wie Ihre Ehefrau bzw. Freundin oder Ihr Ehemann bzw. Freund Ihnen Komplimente hinsichtliches Ihres frischen Atems und Ihrer perlweißen Zähne macht. Hat es nicht gut getan, das zu hören? Wissen Sie, was ich meine? Geben Sie Ihrer Vorstellung freien Lauf. Machen Sie sich einen Spaß daraus. Diese Übung soll aber nicht nur Spaß für Sie bedeuten, sie soll auch in hohem Maße dazu beitragen, Sie von der Sucht des Zigaretten-Rauchens zu befreien.

Die Bilder, die wir entwickeln, sind äußerst wichtig. Wenn Sie gerade 10 Pfund verloren haben und jetzt 150 Pfund wiegen, welches Bild von Ihnen selbst kommt Ihnen? Sehen Sie sich als eine Person mit 160 Pfund, die gerade 10 Pfund abgenommen hat? Wenn dies der Fall ist, sollten Sie aufpassen. Es ist gut möglich, daß sie auf das vorherige Gewicht zurückfallen. Um das Gewicht beizubehalten, sollten Sie sich als jemand mit 150 Pfund sehen oder sogar als eine Person mit 145 Pfund, die im Moment 5 Pfund Übergewicht hat.

Es ist hilfreich zu wissen, daß man auf Schwierigkeiten oder Widerstand treffen kann, wenn man sich zum ersten Mal das erwünschte Ziel vorstellt.

Ausdauer ist der Schlüssel. Wenn Sie sich zum Beispiel wünschen, auf 135 Pfund zu kommen, so können Sie, um sich das Bild von sich selbst mit dem erwünschten Gewicht einzuprägen, damit beginnen, daß Sie sich jeden Morgen wiegen. Mit einer Besonderheit. Sie schreiben das Gewicht „135 Pfund" auf ein Stück Papier und heften es auf die Waage, so daß jeden Morgen, wenn Sie auf die Waage steigen, Ihr Gewicht bei 135 Pfund liegt. Mehrmaliges Wiederholen hilft Ihnen, sich selbst als Person mit 135 Pfund zu sehen. Denken Sie daran: Sie entwickeln sich entsprechend Ihren Vorstellungen.

Kapitel 11
Ernährung

Eine Möglichkeit der Streßlinderung besteht darin, Stressoren zu umgehen. Deshalb wollen wir jetzt dem Brennstoff, den wir zu uns nehmen, unsere Aufmerksamkeit schenken.

Über die verschiedenen Aspekte der Ernährung gibt es viele Kontroversen. Ich hoffe aber, daß Sie dazu angeregt werden, Ihre Gesundheit verbessernde Veränderungen vorzunehmen und sich mit dem Thema weiter zu befassen.

Seit Pasteur verfügt die Medizin über eine Keim-Theorie, um Krankheit zu erklären. „Böse Keime" wie z. B. Viren und Bakterien werden von unschuldigen Menschen „eingefangen", wodurch sie sich verschiedene Krankheiten zuziehen. Die Aufgabe des Arztes ist es, die Menschen zu impfen und so die Krankheiten zu verhindern oder die Keime mit Medikamenten zu bekämpfen, wenn sie schon Fuß gefaßt haben. Während diese Methode, zusammen mit verstärkter Hygiene, Todesfälle als Folge infektiöser Krankheiten zum großen Teil ausgeschaltet hat, werden wir jetzt in der westlichen Welt mit einer epidemieartigen Zunahme solcher Krankheiten wie Herzleiden, Krebs, Arthritis, Allergien, Multiple Sklerose und Geburtsfehler konfrontiert. Warum ist dies so? Der Hauptgrund besteht darin, daß Bakterien und Viren die falsche „Spur" sind. Sicher, es gibt sie, aber sie sind nicht die Hauptursachen für Krankheiten. Sie treten in Erscheinung aufgrund der wirklichen Ursache, der geschwächten Widerstandskraft, die wiederum durch unsere negativen Lebensgewohnheiten und physischen sowie emotionalen Streßfaktoren verursacht wird; zu diesen Faktoren gehören Luft- und Wasserverschmutzung, Mangel an körperlicher Bewegung, Mangel an Ruhe und Entspannung, zu viel „junk food", unausgeglichene Ernährung, Tabak, Alkohol, Drogen etc. Wir haben ständig Bakterien in uns, aber sie stellen keine Bedrohung für uns dar, solange wir unsere natürliche Widerstandskraft aufrechterhalten. Medikamente als Mittel gegen die Auswirkungen (die „Keime") sind nicht die beste Methode, die

Gesundheit wiederherzustellen: um dies zu erreichen müssen wir die Ursachen der Krankheiten beseitigen. Wir müssen uns den Faktoren zuwenden, wenn wir die Widerstandskraft des Körpers so weit steigern wollen, daß Krankheit verhindert wird.

Im Hinblick auf das vorher Gesagte war der im Jahre 1977 veröffentlichte Bericht des „Senate Select Commitee on Nutrition and Human Needs" unter Vorsitz von Senator George McGovern (oft als McGovern-Report bezeichnet) sehr bedeutsam. Er enthält die Aussage, daß unsere moderne amerikanische Ernährung „ebenso stark der Gesundheit der Nation schaden kann wie die weitverbreiteten ansteckenden Krankheiten zu Beginn des Jahrhunderts." Unsere „Ernährung hat sich in den letzten 50 Jahren radikal geändert, mit großen und oft sehr schädlichen Auswirkungen auf unsere Gesundheit. Diese Veränderungen der Ernährungsgewohnheiten stellen eine ebenso große Bedrohung für die allgemeine Gesundheit dar wie das Rauchen. Zu viel Fett, zu viel Zucker oder Salz stehen im direkten Zusammenhang mit Herzkrankheiten, Krebs, Fettleibigkeit und Schlaganfall, um nur einige Killer-Krankheiten zu nennen. Alles in allem werden sechs der zehn führenden Todesursachen in den Vereinigten Staaten mit unserer Ernährung in Verbindung gebracht." (Ähnliches gilt für Deutschland). „Wir in der Regierung haben die Verpflichtung, dies anzuerkennen. Die Öffentlichkeit möchte geführt werden, sie möchte die Wahrheit wissen, und heutzutage besteht die Hoffnung, daß wir dank besserer Ernährung den Grundstein für eine bessere Gesundheit aller Amerikaner legen können."

Dem Bericht zufolge hat der Glaube, Medikamente und medizinische Technologie können unsere Hauptgesundheitsprobleme lösen, uns dazu verleitet, andere Faktoren zu ignorieren. Anstatt sich weiterhin auf die Behandlung zu konzentrieren, ist es jetzt an der Zeit, die Prävention von Gesundheitsproblemen ins Auge zu fassen und insbesondere die Ernährungsgewohnheiten zu ändern.

Der Bericht sagt auf Seite 6: „Eine angemessene öffentliche Erziehung muß betonen, daß die momentane medizinische Praxis bedauerlicherweise, aber deutlich sichtbar ihre Grenzen bei der Heilung der gängigen todbringenden Krankheiten hat. Wenn erst einmal erhöhter Blutdruck, Diabetes, Arteriosklerose oder Herzleiden manifest sind, kann die medizinische Wissenschaft sehr wenig tun, um die physiologischen Funktionen eines Patienten wieder zu normalisieren. Da man sich dieser Grenzen immer bewußter wird, wird die Bedeutung der Prävention um so offensichtlicher." Als Riesenschritt in Richtung Prävention der momentanen epidemischen Zunahme tödlicher Krankheiten empfiehlt der McGovern-Report für die Vereinigten Staaten die folgenden sechs Ernährungsrichtlinien:

1. Steigern Sie den Konsum von Kohlehydraten; sie sollen 55 bis 60 Prozent der Energie- (d. h. Kalorien-) Aufnahme abdecken.
2. Reduzieren Sie den Konsum von Fett von insgesamt ca. 40 auf 30 Prozent der Energieaufnahme.

leiden

3. Reduzieren Sie den Konsum von gesättigten Fetten auf ca. 10 Prozent der gesamten Energieaufnahme und schaffen Sie einen Ausgleich mit mehrfach ungesättigten und einfach ungesättigten Fetten, die jeweils 10 Prozent der Energieaufnahme ausmachen sollen.
4. Reduzieren Sie den Konsum von Cholesterin auf ca. 300 mg pro Tag.
5. Reduzieren Sie den Konsum von Zucker um ca. 40 Prozent; er soll ungefähr 15 Prozent der gesamten Energieaufnahme ausmachen.
6. Reduzieren Sie den Konsum von Salz um ca. 50 bis 85 % auf ungefähr 3 Gramm pro Tag.

Dem Komitee zufolge kann man diese Ziele durch die folgenden Veränderungen bei der Nahrungsmittelauswahl und -zubereitung erreichen:

1. Steigern Sie den Konsum von Obst, Gemüse und Vollkornprodukten.
2. Verringern Sie den Konsum an gängigem Fleisch und erhöhen Sie den von Geflügel und Fisch.
3. Verringern Sie den Konsum von fetthaltigen Nahrungsmitteln und ersetzen Sie die gesättigten Fette durch mehrfach ungesättigte Fette.
4. Ersetzen Sie Vollmilch durch entrahmte Milch.
5. Verringern Sie den Konsum von Butterfett, Eiern und anderen Nahrungsmitteln mit hohem Cholesteringehalt.
6. Verringern Sie den Konsum von Zucker und zuckerhaltigen Nahrungsmitteln.
7. Verringern Sie den Konsum von Salz und salzhaltigen Nahrungsmitteln.

Es gibt eine Reihe von Beweisen dafür, daß die Realisierung dieser Veränderungen die Gesundheit des Durchschnitts-Amerikaners erheblich verbessern würde. Schauen wir uns einmal unsere Hauptkrankheiten an.

Herzleiden

In den Vereinigten Staaten stirbt gegenwärtig ungefähr jeder zweite an einem Herzleiden, an einem Schlaganfall oder Arteriosklerose. Somit sind kardiovaskuläre und damit zusammenhängende Krankheiten mit Abstand die größten „Killer". Die Herzanfälle, die wir erleiden, wenn wir die späten Vierziger erreicht haben, sind das ganze Leben hindurch vorbereitet worden. Fett und Cholesterin lagern sich an den Wänden der Arterien ab (Arteriosklerose), und diese Ablagerungen verschließen allmählich die Koronararterien und führen so zum Herzinfarkt. Rauchen, hoher Blutdruck und Typ-A-Verhalten können zwar die Situation noch verschlimmern, es wird jedoch allgemein akzeptiert, daß die Hauptursache in der cholesterinreichen Ernährung der Industrienationen liegt. Die Forschung hat gezeigt, daß Fette im Blutstrom von drei Haupttypen von Lipoproteinen befördert werden; man bezeichnet sie als very low density Lipoproteine (VLDL), low density Lipoproteine (LDL) und high density Lipoproteine (HDL).

Bei Leuten mit höherem Anteil an HDL/LDL kommt es im allgemeinen zu weniger Ablagerungen. Dies trifft jedoch nicht immer zu. Forschungen an den „Longevity Institutes" in Santa Barbara und Santa Monica, Kalifornien, haben gezeigt, daß nicht der HDL- oder LDL-Spiegel das wichtigste ist, sondern der gesamte Cholesterinspiegel. Nathan Pritikin hat an diesen Instituten eine Kombination von körperlicher Aktivität (hauptsächlich Wandern und Joggen) und Diät (5-10 Prozent Fett, 10-15 Prozent Eiweiß und 80 Prozent Kohlehydrate) eingesetzt und dadurch nicht nur die Bildung von Ablagerungen um die Hälfte reduziert, sondern sie sogar rückgängig gemacht. Bei vielen Patienten mit Herzproblemen können sich die Funktionen innerhalb eines Monats wieder normalisieren. Daß eine Ernährung mit wenig Fett, wenig Eiweiß und vielen Kohlehydraten, ähnlich der in unterentwickelten Ländern, solch bemerkenswerte Ergebnisse so schnell erzielen kann, beweist, welche Torheit in unseren gegenwärtigen Ernährungsweisen steckt. Wir zahlen einen hohen Preis in Form von Herzleiden, Krebs, hohem Blutdruck oder Diabetes für unsere fett- und eiweißreiche Ernährung.

Fettleibigkeit

Dem McGovern-Bericht zufolge „gilt Fettleibigkeit als Risikofaktor bei: Kardiovaskulären Erkrankungen, hohem Blutdruck, Arteriosklerose, Brüchen, Gallenblasen-Erkrankungen, Diabetes mellitus und Leber-Erkrankungen". Sie erhöht ebenso das Risiko von Gebärmutter-Krebs und Nierenkrebs bei Frauen. Mit größter Wahrscheinlichkeit ist die gegenwärtige Ernährung des Amerikaners mit ihrem hohen Fett- und Zuckergehalt der Hauptgrund dafür, daß ungefähr 70 Prozent der amerikanischen Bevölkerung an Übergewicht leiden. Erhöhung des Anteils an komplexen Kohlehydraten und Verringerung des Anteils an Fetten und Zucker in der Ernährung ist die beste Methode, Fettleibigkeit entgegenzuwirken.

Krebs

Es gibt mittlerweile eine Reihe von Beweisen für den Zusammenhang zwischen Ernährung und Krebs.

Zigaretten sind in den Vereinigten Staaten als Nummer 1 unter den Ursachen für Krebs bezeichnet worden (Dr. Jackie Schwartz: „Letting Go of Stress"). Rauchen ist auch einer der vier Hauptrisikofaktoren bei Herzanfällen und Schlaganfällen. Die Lebenserwartung des Durchschnittsrauchers liegt um sechs oder sieben Jahre unter der seiner nicht-rauchenden Freunde.

Dr. Gio Gori, Stellvertretender Direktor des „National Cancer Institute" machte im Juli 1976 vor dem „Select Commitee" die Aussage: „Es besteht eine starke Korrelation zwischen diätetischer Fettaufnahme und der Brust- und Unterleibskrebsquote. Wenn sich die Fettaufnahme erhöht, steigt auch die Brust- und Unterleibskrebsquote fast linear an." „Es ist auch bewiesen worden, daß eine hohe Korrelation zwischen Unterleibskrebs und dem Verzehr von Fleisch besteht, auch wenn nicht klar ist, ob das Fleisch selbst oder sein Fettgehalt der eigentliche korrelierende Faktor ist. Die Sterbeziffern als Folge von Unterleibskrebs sind in den Vereinigten Staaten, in Schottland und in Kanada hoch, in Ländern also, die einen hohen Verzehr an Fleisch aufweisen; andere Länder wie z. B. Japan und Chile, die ein geringer Fleischkonsum kennzeichnet, weisen eine niedrige Unterleibskrebsquote auf." Bei Adventisten vom Siebenten Tag und Mormonen, die nur eine begrenzte Menge Fett und Fleisch zu sich nehmen, ist die Rate bei Brust-, Unterleibs-, Gebärmutter- und Darmkrebs niedriger als bei anderen Leuten die in derselben Region wohnen.

Krebs im Verdauungstrakt ist äußerst selten in afrikanischen Ländern, in denen die Ernährung viel Getreide und andere faserreiche Nahrungsmittel enthält.

Hauptsächlich Brust-, Gallenblasen- und Gebärmutterkrebs treten häufiger bei übergewichtigen Menschen auf.

In Anbetracht des vorher Gesagten erscheint es klug, den Verzehr von Fleisch und anderen Fetten einzuschränken und mehr komplexe Kohlehydrate, wie sie in Obst und Gemüse enthalten sind, zu sich zu nehmen.

Zucker

Zur Zeit verzehrt der Durchschnitts-Amerikaner über 100 Pfund raffinierten Zucker pro Jahr. Damit ist Zucker nach Milch und Fleisch der drittwichtigste Bestandteil der amerikanischen Ernährung! Auch wenn Sie Ihrem Frühstücksmüsli, Tee oder Kaffee etc.

bewußt keinen Zucker zugeben, nehmen sie wahrscheinlich noch immer viel davon zu sich, denn 70 Prozent des konsumierten Zuckers enthalten die Lebensmittelprodukte und Getränke, die wir täglich kaufen. Er befindet sich sogar in Ihrem Salzbehälter: überprüfen Sie es selbst. (In Amerika!)

Warum ist Zucker so schlecht für uns? Weil er eine süchtig machende Substanz ist, die Ihre Bauchspeicheldrüse belastet und Ihren Energiehaushalt durcheinanderbringt. Wenn Sie etwas raffinierten Zucker zu sich nehmen, beginnt Ihr Blutzuckerspiegel rapide zu steigen. Ein Teil Ihrer Bauchspeicheldrüse stößt dann das Hormon Insulin aus, dessen Funktion darin besteht, einen Teil des Zuckers in Glykogen zur Speicherung in Muskeln und Leber umzuwandeln und so den Blutzuckerspiegel zu stabilisieren. Bei raffiniertem Zucker setzt der rapide Anstieg des Blutzuckerspiegels mehr Insulin frei als notwendig; somit wird der Blutzuckerspiegel eigentlich herabgesetzt. Dies bewirkt bei uns ein Verlangen nach Süßigkeiten, um den Blutzuckerspiegel wieder zu erhöhen. So entstehen durch raffinierten Zucker die wilden Sprünge im Blutzuckerspiegel. Der Zyklus erstreckt sich oft über zwei Stunden. Bei jenen Amerikanern, deren Frühstück um 8 Uhr aus einer Tasse Kaffee und einem Donut besteht, ist der Blutzuckerspiegel um 10 Uhr auf den Tiefstand gesunken, so daß sie Verlangen nach einem süßen Getränk oder nach einem Riegel Schokolade verspüren. Dies wiederum läßt den Blutzuckerspiegel schnell ansteigen und verleiht uns Energie (teilweise eine Folge des gleichzeitigen starken Adrenalinanstiegs), bis der Blutzucker schließlich zwei Stunden später rechtzeitig zum Mittagessen wieder gesunken ist. Zwei Stunden später, um 2 Uhr, und dann wieder um 4 Uhr neigen sie dazu, nach einem Riegel Schokolade oder einem kleinen Snack zu greifen. Nach weiteren zwei Stunden kümmert sich das Abendessen um den gesunkenen Blutzuckerspiegel. Erkennen Sie den Zyklus in Ihrem Energieniveau und in Ihren Stimmungen? Genau das macht auch die Getränke-Industrie. Zucker soll 22 Mal mehr süchtig machen als Heroin. Kein Wunder, daß er so großzügig von der Industrie bei der Verarbeitung von Lebensmitteln verwendet wird. Sicher, er verleiht den Lebensmitteln einen großartigen Geschmack, aber denken Sie daran, daß das Hauptinteresse dem Verkauf des Produktes gilt, nicht Ihrer Ernährung oder Gesundheit.

Die starke Raffinierung des Zuckers zerstört seine Vitamine, Mineralien sowie Fasern und läßt nur leere Kalorien zurück.

Tatsächlich braucht der Körper jetzt bestimmte Vitamine und Spurenelemente wie Thiamin (Vit B 1) und Chrom, um den Zucker richtig verarbeiten zu können. In diesem Sinn könnten wir von Zucker als „Anti-Nährstoff" sprechen.

Raffinierter Zucker scheint ein verursachender Faktor des Zahnverfalls zu sein. Dr. John Yudkin, Autor des Buches „Sweet and Dangerous", dt. „süß aber gefährlich") vermutet, daß Zucker den Blutfett- und Cholesterinspiegel ansteigen läßt und so zur Arteriosklerose beiträgt.

Raffinierter Zucker ist eine der Hauptursachen für die allen bekannte Erkältungskrankheiten, da er die Abwehrkraft des Körpers senkt (z.B. an Weihnachten oder Ostern). Wenn Sie noch weitere Informationen benötigen, bevor Sie sich entschließen, Zucker aus Ihrer Ernährung zu streichen, rate ich Ihnen, Dr. Brukers ausgezeichnetes Buch „Krank durch Zucker" zu lesen.

Salz

Der Konsum von Salz liegt in den Vereinigten Staaten zwischen 6 und 18 Gramm pro Tag. Der durchschnittliche Bedarf eines Menschen beträgt jedoch nur ein halbes Gramm, es ist also nicht notwendig, zur Abdeckung dieses Bedarfs, unserer Nahrung Salz zuzugeben.

Das Streichen von Salz aus der Ernährung kann eine recht große Herausforderung sein, denn Salz wird in fast allen Nahrungsmitteln verwendet. Es dient bei weiterverarbeiteten Lebensmitteln hauptsächlich als Geschmacksverstärker und nicht so sehr als Konservierungsmittel; die Herausforderung an Sie besteht daher darin, die Nahrung auf geschmackvolle Art zuzubereiten, so daß Ihr Essen auch mit wenig Salz nicht fade schmeckt. Allmählich wird dann Ihr Gefühl für die Vielzahl von Geschmacksrichtungen in Lebensmitteln zurückkommen.

Rauchen

Tabakrauch ist eine Mischung aus Gasen und winzigen Tröpfchen, in denen fast tausend Bestandteile identifiziert worden sind. Zu den gefährlicheren Bestandteilen gehören dabei u. a. Teer, Kohlenmonoxyd, Ammoniak, Benzol, Formaldehyd und Schwefelwasserstoff. Es gibt eindeutige Beweise dafür, daß diese wirkungsstarke Kombination eine der Hauptursachen für Emphysem, chronische Bronchitis und Krebs ist.

Zigaretten sind in den Vereinigten Staaten wahrscheinlich die Hauptursache für Krebs. An erster Stelle liegen dabei Lungen- und Kehlkopfkrebs, aber auch bei Blasenkrebs scheint Rauchen ein bedeutender Faktor zu sein. Rauchen ist heutzutage eine genauso bedeutende Todesursache wie die großen epidemischen Krankheiten wie Typhus, Cholera und Tuberkulose waren.

Man hat dem Nikotin und dem Teer in Zigaretten viel Beachtung geschenkt und durch Verwendung von Filtern versucht, die inhalierte Menge Teer zu reduzieren; es gibt jedoch eine Substanz, deren Wirkung durch Filter nicht eingeschränkt, sondern erhöht wird. Nathan Pritikin zufolge „ ...ist Kohlenmonoxyd (CO) wahrscheinlich das vernichtendste Element in der gräßlichen Ansammlung chemischer Mörder im Rauch..."

Blutzellen scheinen wie Selbstmörder vom Kohlenmonoxyd angezogen zu werden. Sie werden zweihundert Mal eher von diesem Giftstoff als von Sauerstoff angezogen. Wenn sich Kohlenmonoxyd und das Hämoglobin der roten Blutkörperchen vermischen, bilden sie eine stabile Verbindung, Carboxyhämoglobin, das die Fähigkeit der roten Blutkörperchen, Sauerstoff zu befördern, bis zu zwölf Stunden hemmen kann.

„Natürlich, wenn Sie Ihren roten Blutkörperchen wirklich hart zusetzen wollen, so kombinieren Sie einfach eine fettreiche Ernährung mit Rauchen. Das Endergebnis wird Sauerstoffmangel sein. Die unter Sauerstoffmangel leidenden Schichten reagieren und veranlassen die Zellen der Arterieninnenwände, ihre engen Wände zu öffnen, um mehr Sauerstoff einzulassen. Dies ermöglicht Betalipoproteinen (eine Verbindung aus Fett, Cholesterin und Protein), in die Schichten einzudringen, Arterienentzündungen hervorzurufen und die Bildung der tödlichen Ablagerungen einzuleiten." Rauchen beschleunigt die äußerlich sichtbaren Alterungsprozesse wie z. B. Faltenbildung.

Warum rauchen dann so viele Menschen immer noch? Weil es sehr schwer ist, sich von der Sucht zu befreien, wenn man sich erst einmal das Rauchen angewöhnt hat. Neun von zehn Rauchern sagen, sie würden es gern aufgeben, doch die meisten scheitern bei ihren Versuchen. Dr. Jackie Schwartz beschreibt das Rauchen-Aufgeben als „eine der härtesten Sachen für jeden, härter als der Versuch, das Trinken aufzugeben oder sich vom Heroin zu befreien."

Sucht-Befreiung

Bei dem Begriff gibt es zwei Aspekte. Es gibt die physiologische Sucht, die wir hier beschreiben werden, und es gibt die psychologische Sucht, die noch Monate, nachdem man sich von der physiologischen Sucht befreit hat, bestehen kann. An anderer Stelle dieses Buches beschriebene Techniken werden Ihnen helfen, sich von der psychologischen Sucht zu befreien.

Nikotin-, Alkohol-, Koffein-, Heroin- und andere Süchte werden verursacht durch eine bestimmte physiologische Abhängigkeit des Körpers von Gift, die sich bei häufiger Einnahme einstellt. Der Giftspiegel im Blut muß die ganze Zeit hoch sein. Wenn er zu fallen beginnt, empfindet der Süchtige den Drang, sich eine Zigarette anzustecken oder noch eine Tasse Kaffee zu trinken, um den Giftspiegel wieder steigen zu lassen. Wenn man erst einmal süchtig ist, befindet man sich in einem Teufelskreis: Sie haben vielleicht mit dem Kaffee-Trinken aus Vergnügen oder zur Beruhigung Ihrer Nerven begonnen; wenn Sie jedoch erst einmal süchtig sind, müssen Sie weiter Kaffee trinken, um Kopfschmerzen und Nervosität zu verhindern; letztere sind nach unseren Erfahrungen die Entzugserscheinungen, die bei plötzlicher Einstellung der Koffein-Einnahme auftreten würden.

Die einzige Möglichkeit, diese physiologische Abhängigkeit zu durchbrechen, besteht darin, den Körper vollständig von allen Giften zu reinigen, die sich angesammelt haben. Dr. Paavo Airola fand heraus, daß zur Erreichung dieses Zieles eine Fastenkur mit Säften am wirkungsvollsten ist. Das physiologische Verlangen wird verschwinden, wenn erst einmal der Körper von allen süchtig machenden Giftstoffen befreit worden ist.

Warum sollte die Sucht-Befreiung bei Zigaretten schwieriger als bei anderen Substanzen sein? Ein möglicher Grund mag darin liegen, daß Tabak die Leber stimuliert. In Asien befreien Akupunkteure Raucher von ihrer Sucht, indem sie die Leber und andere Verdauungsorgane behandeln. Erinnern Sie sich an die Übelkeit und/oder die Kopfschmerzen, unter denen viele von Ihnen litten, als sie zu rauchen begannen? Diese Beschwerden rühren daher, daß Tabak die Leber stimuliert und eine Überfunktion dieses Organs verursacht; es werden mehr Verdauungssubstanzen als notwendig produziert. Wenn Sie weiterhin rauchen, kompensiert die Leber das, indem sie faul und hypoaktiv wird und so zu wenig Verdauungsstoffe produziert. Jetzt ist die Leber abhängig vom Tabak und benötigt die Stimulation durch ihn, um normal zu funktionieren. Bei extremer biochemischer Unausgeglichenheit — nach einem Mahl und während oder sofort nach einer streßauslösenden Aktivität bzw. Situation — ist die Notwendigkeit eines Reizes noch größer. Die Leber möchte vom Tabak „einen Tritt bekommen".

Wenn man das Rauchen aufgibt, hat man nach dem Essen gewöhnlich Verlangen nach etwas Süßem. Der Zucker ersetzt die Zigarette als Mittel, „der Leber einen Tritt zu geben". Es funktioniert zwar, aber die leeren Kalorien führen gewöhnlich zu Gewichtszunahme. Dies wird von ehemaligen weiblichen Rauchern so verabscheut, daß sie das Rauchen der ständigen Gewichtszunahme vorziehen und damit wieder beginnen. Bis sich die Leber- und Verdauungsfunktionen wieder normalisiert haben, müssen wir der Hypoglykämie, d. h. dem niedrigen Blutzuckerspiegel, der durch die Ausschaltung des Rauchens verursacht wurde, Beachtung schenken.

Interessanterweise scheinen viele Nikotin-Entzugserscheinungen Depressionen, Wutausbrüche etc. —, die der ehemalige Raucher zeigt, vom Nikotinersatz Zucker verursacht zu werden. Man kann also die schlimmen Auswirkungen des Nikotinentzugs teilweise verhindern, indem man auf Zucker und Süßigkeiten verzichtet. Anstatt eine süchtig machende Substanz durch eine andere zu ersetzen, sollten Sie Erdartischocken, Sonnenblumenkerne, Sesamkerne, Cashewnüsse, Paranüsse, ungesalzene Erdnüsse, frisches Obst und Gemüse essen; und wenn Sie den Wunsch nach einer Zigarette verspüren, sollten Sie einige Minuten lang ein Stück Süßholz-Zweig kauen (erhältlich in vielen Reformhäusern und Bioläden). Wenn Sie mehr erfahren möchten über viele andere wertvolle Techniken, die bei der Befreiung von der Nikotinsucht helfen — enthalten ist auch eine Reihe von Akupunkturpunkten zur Stimulation der Leber und anderer Verdauungsorgane, empfehle ich Ihnen sehr das Buch „The G-Jo Institute Stop Smoking Soon Program", herausgegeben vom „G-Jo Institute, P. O. Box 8060, Hollywood, Florida 33024.

Alkohol

Es gibt in den Vereinigten Staaten schätzungsweise zehn Millionen Alkoholiker und Problemfälle in bezug auf Trinken. Diese Leute gefährden nicht nur ihre eigene Gesundheit, sondern auch die vieler anderer in der Gesellschaft. Das „National Institute of Alcohol Abuse and Alcoholism" schätzt, daß zwischen 29 und 40 Prozent aller Todesfälle aufgrund von Unfällen, Totschlag oder Selbstmord indirekt durch Alkohol verursacht werden. Eine 1977 veröffentlichte Studie kam zu dem Schluß, daß Alkoholmißbrauch und Alkoholismus die Vereinigten Staaten 1975 fast 43 Billionen Dollar kostete. Über fünf Billionen Dollar davon wurden Unfällen zugeschrieben, bei denen Alkohol im Spiel war; fast drei Billionen Dollar wurden für Gewaltverbrechen geschätzt, bei denen Alkohol eine Rolle spielte — Mord, Vergewaltigung und schwere Körperverletzung. Die Summe der für Alkoholdelikte ausgesprochenen Bestrafungen belief sich 1975 auf fast 500 Millionen Dollar.

Der Preis in Form von zerrütteten Familien, Kindesmißhandlungen, Jugendkriminalität und emotional gezeichneten Menschen aller Art ist enorm hoch.

Wie Kinder später mit Alkohol umgehen, scheint primär davon

abzuhängen, wie sie als Heranwachsende den Gebrauch von Alkohol erleben. In den Vereinigten Staaten zum Beispiel ist die Alkoholrate bei irischstämmigen Amerikanern zwei- bis drei Mal höher als der nationale Durchschnitt, was die ausgeprägten Trinkgewohnheiten in Irland widerspiegelt.

Im Gegensatz dazu weisen jüdische Amerikaner zwar den höchsten Prozentsatz an Trinkern in den Vereinigten Staaten auf, aber den niedrigsten Prozentsatz an Alkoholikern. Trinken ist unter Juden sehr weit verbreitet, doch sie wachsen in starken Familienverbänden auf, in denen sie erleben, daß Wein am wöchentlichen Sabbat getrunken wird, an heiligen Tagen, auf Hochzeiten und zu anderen gesellschaftlichen oder feierlichen Anlässen. Sie erleben, daß Wein zum Vergnügen getrunken wird, aber nicht, daß er mißbraucht wird. Wenn sie alt genug sind, ihre eigene Familie zu gründen, setzen sie dieselben Trinkgewohnheiten fort.

Ironischerweise stellt Enthaltsamkeit, außer bei Alkoholikern und erwachsenen Kindern von Alkoholikern, keine Lösung dar. Weniger als 10 Prozent aller Alkoholkonsumierenden sind Alkoholiker. Bei Kindern von Eltern, die mäßig trinken, liegt die Wahrscheinlichkeit Alkoholiker zu werden, bei zwei Prozent.

„Wenn Eltern jedoch strenge Abstinenzler sind, liegt das Risiko für ihre Kinder, Alkoholiker zu werden, zwischen 2 und 25 Prozent. Wenn die Kinder von Abstinenzlern sich nicht enthalten, neigen sie dazu, heimlich und zum Ausdruck der Auflehnung zu trinken, und sie trinken unmäßiger als Kinder, die das rechte Maß gelernt haben. Abstinenzler haben es schwer, in einer durch starkes Trinken gekennzeichneten Gesellschaft einem Getränk zu widerstehen, wenn sie nicht von zu Hause aus Beispiele für Mäßigung mitbekommen haben." („The Dilemma of Drugs", D. Paul Graunke, Ambassador College Press, Pasadena, California).

Wenn Sie ohne Alkohol auskommen, ist das großartig! Wenn Sie den Konsum von Schnäpsen einschränken oder einstellen können, ist das auch großartig! Von größerer Bedeutung ist jedoch die Frage, warum Sie trinken? Wenn Sie ohne Alkohol nicht entspannen können, haben Sie ein Problem, denn Trinken kann das Problem für Sie nicht lösen. Alkohol bedeutet noch mehr Streß für den Körper und vermindert Ihre Fähigkeit, mit dem ursprünglichen Problem umzugehen. Trinken Sie nicht, um Problemen zu entfliehen; das ist der Weg in den Alkoholismus.

Koffein
(Kaffee, Tee, Kakao, Soft-Drinks)

Eine Diskussion über Drogen würde nicht alle Aspekte abdecken, wenn man nicht das am weitesten verbreitete Stimulans, das Koffein, miteinbeziehen würde. Die Abteilung für Gesundheit an der Loma Linda Universität im südlichen Kalifornien schätzt, daß die Amerikaner alle 24 Stunden über 400 000 000 Tassen Kaffee mit über 50 Tonnen Koffein trinken. Addieren Sie noch all das Koffein, das im Tee, im Kakao und in Soft-Drinks enthalten ist und konsumiert wird, und Sie bekommen eine Vorstellung davon, wieviel „Koffein"-Spritzen unsere Gesellschaft sich gönnt.

Koffein gehört zur Gruppe der Chemikalien, die als Xanthine bekannt sind. Weiterhin gehören dazu das Theophyllin (mit Koffein im Tee enthalten) und Theobromin (Kakao). Die Xanthine stimulieren das zentrale Nervensystem, wirken harntreibend, stimulieren den Herzmuskel, wirken entspannend auf glatte Muskulatur (besonders die Bronchialmuskulatur), stimulieren die Gehirnrinde (Linderung von Müdigkeit und Schärfung von Gedanken). Bei übermäßigem Genuß kann Kaffee jedoch Nervosität, Reizbarkeit, Unruhe, Kopfschmerzen, hastiges Atmen, Zuckungen, Schlaflosigkeit, Klingeln in den Ohren, und Lichtblitze verursachen (ein Syndrom, das unter dem Begriff „Kaffee-Nerven" bekannt ist); eine weitere Folge kann ein hoher Spiegel an freien Fettsäuren im Blut sein, was zu Arteriosklerose, zu Herzrhythmusstörungen und schnellem Herzschlag, zu hohem Blutdruck, verstärkter Absonderung von Magensäure und zur Verschlimmerung von Magengeschwüren beitragen kann. Koffein ist mit Geburtsfehlern in Verbindung gebracht worden, und Kaffee selbst mit Bauchspeicheldrüsenkrebs.

Kaffee kann Inosit- und Biotinmangel hervorrufen, kann die richtige Verwertung von Eisen verhindern und kann dazu führen, daß andere Vitamine durch den Körper gepumpt und ausgeschieden werden, bevor sie richtig aufgenommen werden können. Kaffee kann auch unseren Streß erhöhen, indem er unseren Bedarf an Vitamin B1 (Thiamin, das Beruhigungs-Vitamin) steigen läßt.

Woher beziehen wir unser Koffein? Filter- oder sofort löslicher Kaffee enthalten zwischen 90 und 120 Milligramm pro Tasse; entkoffeinierter Kaffee zwischen 1 und 6 Milligramm; Blättertee 30 bis 60 Milligramm; Beuteltee 42 bis 100 Milligramm; Kakao bis zu 50 Milligramm; und 30 bis 65 Milligramm sind in den verschiedenen Cola-Getränken (0,33l) enthalten.

Bei Kindern, die an Verhaltensauffälligkeiten, Konzentrationsstörungen, Hyperaktivität, Lernproblemen oder Schlafstörungen leiden, können diese Erscheinungen eine Reaktion auf das Koffein in ihrer Schokolade, ihrem Kakao und ihren Cola-Getränken sein.

Das chemische Lösungsmittel Methylenchlorid, das am häufigsten dazu verwendet wird, das Koffein aus der grünen Kaffeebohne herauszufiltern, ist möglicherweise ein Krebserreger. Nickel, mit dem man Kaffee entkoffeiniert, bleibt im Kaffee zurück.

Was *koffeinfreien Kaffee* angeht: einige Gesundheitsbehörden halten ihn für noch schlimmer.

Ist *Tee* besser für Sie als Kaffee? Möglicherweise. Er enthält gewöhnlich weniger Koffein. Man hat jedoch festgestellt, daß bei Bevölkerungen mit hohem Teekonsum (besonders bei denen, die das Tannin im Tee nicht durch Zugabe von Milch binden) die Magen- und Speiseröhrenkrebsrate sehr hoch ist.

Nahrungsmittel-Zusatzstoffe

Eine Studie, die das amerikanische Landwirtschaftsministerium vor zehn Jahren durchführte, enthüllte, daß bei ungefähr der Hälfte aller Amerikaner die Ernährung unzureichend ist. „Junk food" macht 35% des typischen amerikanischen Nahrungsmittelhaushalts aus.

Zu 55% besteht die Ernährung der Amerikaner aus weiterverarbeiteten Nahrungsmitteln. In diesen weiterverarbeiteten Nahrungsmitteln finden wir über 2700 chemische Zusatzstoffe (Stand: 1967). Es sind Konservierungsstoffe, Antioxidanten, Stabilisatoren, Bindemittel, Bleichmittel, künstliche Farb- und Geschmacksstoffe etc. Warum sind sie in den Nahrungsmitteln enthalten? Um die Lebensmittel attraktiver aussehen zu lassen, den Geschmack zu „verbessern", das Schlecht-Werden hinauszuzögern, sie unbegrenzt haltbar zu machen. Vielleicht haben Sie geglaubt, die Zusatzstoffe wären für Sie, den Verbraucher. Nein, sie sind dazu da, Sie zum Kauf des Produktes zu ermutigen und es im Regal so lange zu konservieren, bis Sie es kaufen.

Die „Food and Drug-Administration" (FDA; die amerikanische Gesundheitsbehörde) erstellte im Jahre 1958 die Liste „Generally Recognized as Safe" (GRAS; Allgemein als sicher anerkannt). Diese Liste enthielt Hunderte von Zusatzstoffen, die lange genug im Gebrauch waren, um als harmlos eingestuft zu werden, obwohl sie nie getestet worden waren. Einige wie z.B. (Zyklamate und Saccharin sind seitdem von der GRAS-Liste abgesetzt worden.

Die FDA beschloß, daß in der GRAS-Liste enthaltene Zusatzstoffe nicht angegeben werden müssen, deshalb bekommen Sie mehr, als Sie vom Etikett her erwartet hätten.

Eine beträchtliche Anzahl Leute reagiert auf den Geschmacksverstärker Monosodium-Glutamat (MSG) mit Kopfschmerzen, Rötungen an Kopf und Körper und Prickeln am Rückgrat. Es ist auch mit Wasserverhaltung, Arthritis und irreversiblen Hirnschädigungen bei jungen Labortieren in Verbindung gebracht worden. MSG ist enthalten in fast allen Gewürzsalzen, Suppen, Soßen, tiefgefrorenen Lebensmitteln und Konserven, bekannt ist es jedoch hauptsächlich wegen seiner Verwendung in der chinesischen Küche. Die Reaktion auf MSG in chinesischem Essen ist allgemein bekannt als „chinesisches Restaurant-Syndrom". Trotzdem steht Monosodium-Glutamat noch immer auf der GRAS-Liste und kann noch immer bei der Verarbeitung von Nahrungsmitteln verwendet werden, ohne daß es angegeben werden muß. Was bewirken andere „sichere" Zusatzstoffe bei uns?

Wir sollten die Lehre daraus ziehen und möglichst viele weiterverarbeitete Lebensmittel meiden, um die Einnahme von Lebensmittel-Zusatzstoffen einzuschränken.

Wenn Ihr Kind hyperaktiv ist und unter Lernbehinderungen leidet, ist für Sie vielleicht Dr. Ben Feingolds Buch „Why Your Child is Hyperactive" interessant. Es beschreibt eine Diät — die Feingold-Diät — ohne künstliche Farb- und Geschmacksstoffe, ohne die zwei antioxidanten Konservierungsmittel BHT und BHA und ohne eine Reihe von Früchten und Gemüsearten, die natürliche Salizylsäuren enthalten. Tausenden von Kindern ist mit der Feingold-Diät geholfen worden, aber sie ist noch immer sehr umstritten.

Veränderung der Ernährungsgewohnheiten

Wenn Sie diesen Punkt des Kapitels erreicht haben, dann haben Sie sich voraussichtlich entschlossen, einige Veränderungen in Ihrer Ernährung vorzunehmen. Herzlichen Glückwunsch!

1. Verändern Sie langsam. Wenn Veränderungen zu schnell vorgenommen werden, besteht die Gefahr, daß man in die alten Gewohnheiten zurückfällt. Auch positive Veränderungen in der Ernährung bedeuten Streß für den Körper, ein weiteres Argument dafür, langsam vorzugehen.

2. Essen Sie Nahrungsmittel, die schlecht werden können, aber essen Sie diese, bevor sie schlecht werden. Vermeiden Sie Nahrungsmittel, die chemische Zusatzstoffe oder toxische Chemikalien wie Pestizide, Sprays etc. enthalten.

3. Essen Sie natürliche, organische Nahrungsmittel, und essen Sie diese möglichst roh oder gekocht. Vermeiden Sie raffinierte Nahrungsmittel wie z.B. Zucker, weißes Mehl, weißen Reis, abgepackte Getreideflocken etc.

4. Essen Sie möglichst biologisch angebautes Obst und Gemüse. Vermeiden Sie gespritztes, geräuchertes, gefärbtes, gewachstes oder bestrahltes Obst und Gemüse.

5. Essen Sie frische Produkte je nach Jahreszeit und frieren Sie die Produkte für den späteren Verbrauch ein. Gewinnen Sie die Körner für den täglichen Gebrauch aus eigenem Anbau. Essen Sie Kerne von biodynamischen Pflanzen. Vermeiden Sie Obst- und Gemüsekonserven. Die meisten Obstarten sind zu stark gesüßt und viele konservierte Gemüsearten zu lang gekocht.

6. Essen Sie Vollkornbrot. Backen Sie Ihr eigenes Brot. Vermeiden Sie im Handel erhältliche Produkte, die „angereichert" oder aus weißem Mehl hergestellt wurden.

7. Wenn Sie den Wunsch nach Fleisch verspüren, beschränken Sie sich auf kleine Mengen Fleisch von Tieren, die noch natürlich gehalten wurden, einschließlich Fisch, Geflügel, Rindfleisch, Lamm. Vermeiden Sie im Handel erhältliches Fleisch, das chemische Konservierungsstoffe, Hormone und Antibiotika enthält. Vermeiden Sie Fleisch von Tieren, die schlecht gehalten oder behandelt wurden.

8. Trinken Sie 1,5 bis 2 Liter „reines" Wasser pro Tag. Trinken Sie Wasser zwischen den Mahlzeiten, um zu verhindern, daß die Magensäure und die Verdauungsenzyme vor dem Essen verdünnt werden.

9. Essen Sie biologische Eier, die keine Antibiotika oder Spritzmittel enthalten. Vermeiden Sie Eier von Hühnern, die in kleinen Käfigen gehalten, gemästet und mit Chemikalien behandelt wurden.

10. Ersetzen Sie Zucker durch rohen, ungefilterten Honig oder schwarze Melasse, reduzieren Sie dann allmählich die benötigte Menge. Vermeiden Sie braunen Zucker: es ist raffinierter weißer Zucker, der noch einmal mit schwarzer Melasse übergossen wurde.

11. Verwenden Sie beim Backen kaltgepreßtes Soja-, Sesam-, Erdnuß- oder Färberdistelöl ohne Konservierungsstoffe. Vermeiden Sie hydrierte Fette und hitze-behandelte Öle mit Konservierungsstoffen. Denken Sie daran, das Öl nach dem Öffnen im Kühlschrank aufzubewahren.

12. Verwenden Sie Sesam- oder Färberdistelöl für das Braten mit wenig Fett, da sie den höchsten Siedepunkt von allen guten Ölen aufweisen. Vermeiden Sie Frittieren, da Fettsäuren bei hohen Temperaturen aufgespalten werden.
Vermeiden Sie gebratene Speisen.

13. Verwenden Sie Butter anstatt Margarine. Margarine wird durch Hydrieren künstlich gesättigt, ein Vorgang, der die Nährstoffe des ursprünglichen Öls zerstört. Ein Teil des Nickels, das bei der Herstellung von Margarine als Katalysator verwendet wird, bleibt in der Margarine. Wenn Sie die Streichbarkeit von Margarine mögen, können Sie auch aufgeweichte Butter mit gleicher Menge nicht-raffiniertem Färberdistelöl

vermischen und sie dann im Kühlschrank aufbewahren.

14. Trinken Sie möglichst rohe Tbc- und Bangfreie Milch oder Sauermilch. Wenn Sie sich Gedanken um Ihre Cholesterin-Einnahme machen, vermeiden Sie alle Milchprodukte. Vermeiden Sie behandelte Milch: pasteurisierte, homogenisierte, Milchpulver und Dosenmilch. Die Enzyme, die für die Verdauung von Milch notwendig sind, sind nach der Kindheit oft nicht mehr vorhanden. Sauermilchprodukte jedoch, besonders Joghurt und Kefir, sind bereits aufgeschlossen und erleichtern das Verdauen. (In den meisten Kulturen mit Menschen sehr hoher Lebenserwartung ist irgendeine Art vonkultivierter Milch ein Hauptbestandteil ihrer Ernährung).

15. Stellen Sie Eiscreme, Joghurt und Quark selbst her, oder kaufen Sie nur organische, natürliche Milchprodukte von hoher Qualität. Vermeiden Sie im Handel erhältliche Milchprodukte, die künstliche Farbstoffe, Geschmacksverstärker, Emulgatoren, Süßstoffe etc. enthalten und die so stark erhitzt worden sind, daß viele Nährstoffe nicht mehr assimilierbar sind.

16. Trinken Sie Kräutertee, der frei von Koffein ist. Vermeiden Sie Kaffee und Tee.

17. Essen Sie kleine Portionen einer Vielzahl von natürlichen Nahrungsmitteln. Essen Sie mindestens drei Mal pro Tag. Vermeiden Sie kleine Häppchen „junk food".

18. Verwenden Sie Meersalz, Tamari und natürliche Gewürzkräuter. Vermeiden Sie raffiniertes, mit Aluminium behandeltes Salz, das sich leicht streuen läßt. Vermeiden Sie im Handel erhältliche Gewürze, die schädliche Chemikalien enthalten.

19. Konsumieren Sie ungesüßtes Johannisbrot anstatt Kakao oder Schokolade.

20. Trinken Sie reines Wasser und natürliche, ungesüßte Fruchtsäfte anstatt anderer Getränke. Vermeiden Sie Getränke, die künstliche Farb- und Geschmacksstoffe enthalten und dadurch die Nebennieren und die Bauchspeicheldrüse belasten.

21. Verwenden Sie beim Kochen Küchenutensilien aus rostfreiem Stahl oder Glas. Vermeiden Sie Aluminium bei jeglicher Nahrungszubereitung und -aufbewahrung.

22. Kauen Sie Ihr Essen mindestens 50 Mal oder solange, bis Sie es wie Flüssigkeit schlucken können. Bewegen Sie Ihre Getränke im Mund schnell hin und her, so daß sie sich gut mit dem Speichel vermischen können. Essen Sie Ihre Speisen nicht zu schnell.

23. Entwickeln Sie sich und anderen gegenüber positive und aufbauende Gedanken, nehmen Sie sich Zeit für Entspannung und zeigen Sie Geduld, wenn Sie essen. Das ist gut für die Verdauung. Sprechen Sie ein Tischgebet oder seien Sie zumindest dankbar für Ihr Essen. Essen Sie möglichst nicht, wenn Sie negative Gefühle oder Streß empfinden. Das Blut wird bei Streß dem Verdauungstrakt entzogen und bewirkt so eine schlechte Verdauung.

24. Informieren Sie sich mehr über Ernährung.
    Zeigen Sie Kreativität bei der Nahrungsmittelzubereitung.

25. Fasten Sie in bestimmten Zeitabständen, um Ihren Körper zu entgiften.

Kapitel 12
Allergietest

Wenn wir das Wort „Allergie" hören, denken die meisten von uns an Nasen, die laufen, an Niesen, Heuschnupfen und Asthma. Allergieeffekte können jedoch im Grunde genommen jedes beliebige Symptom hervorrufen. Ekzeme, Juckreiz, Kopfschmerzen, Erkältung, Stirnhöhlenkatarrh, Durchfall, Verstopfung, Verdauungsstörungen, Arthritis, Depressionen, Rückenschmerzen, Muskelschwächen — all das kann durch Allergien verursacht werden. Die Symptome reichen von einem „allgemeinen Unwohlsein" bis zu starkem Hautausschlag, Alkoholismus, Anschwellen der Gliedmaßen, Herzklopfen und der nackten Angst, nicht atmen zu können. Der Arzt Theron G. Randolph sieht in der Nahrungsmittelallergie eines der größten Gesundheitsprobleme der Vereinigten Staaten. Der Arzt Marshall Mandell, Autor eines kürzlich erschienenen Buches über Allergien, schätzt, daß „50 bis 80 Prozent der täglichen Praxisfälle vieler Ärzte" das Ergebnis von Allergien und Anfälligkeiten für chemische Substanzen sind. Dr. Arthur Coca, der sich auf dem Gebiet des Pulstests zur Identifikation von Allergien einen Namen gemacht hat, glaubte, daß 90 Prozent aller Amerikaner an einer oder mehreren Nahrungsmittelallergien leiden. Aus diesen Angaben wird klar, daß alle, die ihren Streß lindern und ihre Gesundheit verbessern möchten, auf Allergien achten sollten.

Wenn wir Muskeltests einsetzen, um Allergien aufzuspüren, ist unsere Vorstellung von Allergie viel weiter gefaßt als das Konzept, das die mit konventionellen Methoden behandelnden Ärzte haben; die Vorstellung entspricht eher dem neuen Feld der klinischen Ökologie (z. B. Randolph und Moss). Wir sehen in der Allergie eine Reaktion auf irgendeine Substanz oder Energiequelle, die den Körper in Streß versetzt, wenn er damit in Berührung kommt. Welches sind die Allergene, die allergische Reaktionen hervorrufen? Alles: Pollen, Staub, Holz, Holzrauch, Tiere, Nahrungsmittel, Kosmetikartikel, Plastik, chemische Sprays, Autoabgase etc. Es scheint eine unlösbare Aufgabe zu sein, die Übeltäter aufzuspüren, nicht wahr? Sicher, man muß in einigen Fällen sehr geschickt vorgehen. Es ist jedoch nicht schwierig, durch genaues Muskeltesten die bedeutenden Nahrungsmittelallergien aufzudecken, denn offensichtlich betreffen die am weitesten verbreiteten Nahrungsmittelallergien genau jene Nahrungsmittel, die in unserer Gesellschaft am häufigsten konsumiert werden: Milch, Mais, Weizen, Eier und Kaffee. Noch ein Hinweis: das Nahrungsmittel, bei dem Sie die stärkste allergische Reaktion zeigen, ist wahrscheinlich Ihre Lieblingsnahrung — und wahrscheinlich sind Sie süchtig danach! Der durch das Nahrungsmittel verursachte Streß bewirkt einen Adrenalinstoß im Körper; achten Sie deshalb besonders auf Ihr Lieblingsessen, nach dessen Einnahme Sie sich besser fühlen. Derjenige, der eine Tüte Plätzchen öffnet und so lange ißt, bis er zu seiner Überraschung zwei Stunden später feststellen muß, daß alle weg sind, reagiert wahrscheinlich allergisch auf Weizen. Wenn Sie am Tag mehrere Pfunde zunehmen, dann schauen Sie auch einmal, ob eine oder mehrere Allergien vorliegen.

Wenn kleine Kinder bestimmte Nahrungsmittel nicht essen wollen, so liegt das vielleicht nicht daran, daß sie wählerisch sind, sondern daß sie „instinktiv" ihre allergische Reaktion darauf kennen. Wenn wir älter werden, verlieren die meisten von uns dieses Wissen.

Um das Muskeltesten richtig zu lernen und Allergien und Überempfindlichkeiten gegenüber Nahrungsmitteln, Farben und Schadstoffen in der Luft etc. aufzudecken, empfehle ich Ihnen einen Kurs in Touch for Health oder Angewandter Kinesiologie. Der Muskeltest, der in der Angewandten Kinesiologie zur Aufdeckung von Allergien verwendet wird, ist sehr genau; er kann jedoch aufgrund des Umfangs in diesem Buch nicht beschrieben werden. Stattdessen beschreibe ich eine einfachere Form des Allergietests.

Verschiedene Muskeltests beziehen sich auf verschiedene Energiebahnen im Körper (Meridiane), die wiederum verschiedene Organe versorgen. In diesem Buch haben wir nur zwei Muskeltests näher beschrieben. Der Deltoideus steht mit dem Lungen-

Meridian und den Lungen in Verbindung, während der Pectoralis major clavicularis (PMC) vom Magen-Meridian versorgt wird und somit mit dem Magen in Verbindung steht. Bei unserem Allergietest dient der PMC als Testmuskel. Dieser Muskel erweist sich meistens dann als schwach, wenn während des Tests ein allergisch wirkendes Nahrungsmittel in den Mund gelegt wird.

Die meisten von uns wissen aus dem Physikunterricht, daß um Leitungen herum elektromagnetische Felder erzeugt werden, wenn Strom durchfließt. Die elektrischen Leitungen im Körper sind viel komplizierter, doch die Kabel, in diesem Fall die Nerven erzeugen trotzdem elektromagnetische Felder, auch wenn wir sie nicht feststellen. Wenn wir Stoffe eng an den Körper halten, rufen wir Veränderungen in diesen Feldern hervor. Eine Schwächung oder Stärkung des Feldes beeinflußt die verschiedenen Muskeln, die von den elektrischen Strömen versorgt werden.

Viele verschiedene Dinge — Tierhaare, Plastikgegenstände, Kosmetikartikel etc. — können über der Ohrspeicheldrüse getestet werden. Um genauere Ergebnisse zu erzielen, ist es günstig, auf beiden Körperseiten zu testen. Manchmal wird der PMC nur auf einer Seite schwach. Dies sollte nicht überraschen, denn einige körperliche Funktionsstörungen wie z. B. Migräne können zweifellos einseitige Reaktionen sein. Farben können mit dem PMC-Muskeltest getestet werden, während sie angeschaut werden.

Drei wichtige Regeln sind zu beachten. (1) Wenn Sie die zu testende Substanz über die Ohrspeicheldrüse halten, versichern Sie sich, daß Sie die Substanz nur mit den Fingerkuppen und Ihre Handfläche sowie Finger parallel zum Gesicht halten. Würden die Finger das Gesicht berühren, könnten Sie unter den Fingerspitzen ungewollt eine schwache Muskelreaktion aufnehmen. (2) Wenn Sie feststellen, daß der Muskel bei allen Zusätzen schwach wird, so kann es sein, daß der Körper auf die Plastikbehälter empfindlich reagiert; in diesem Fall müßten Sie die Zusätze außerhalb ihrer Verpackungen testen. (3) Machen Sie sich klar, daß diese Art des Allergietests nicht narrensicher ist. Wenn irgendein Testobjekt den starken PMC schwächt, ist es am günstigsten, es ganz zu vermeiden, da der Körper empfindlich darauf reagiert. Gelegentlich werden Sie auf Substanzen treffen, die zwar den PMC-Muskel

nicht schwächen, die aber trotzdem negativ auf den Körper wirken, sie haben keine negativen Effekte auf den Magen, sie beeinflussen aber irgendein anderes Körperteil negativ.

In der großen Mehrheit der Fälle ist jedoch der PMC-
Muskeltest sehr effektiv und hilft, die Dinge aufzudecken, auf die
man im Moment allergisch reagiert.

Kapitel 13
Körperliche Bewegung zur Steigerung des Wohlbefindens

Körperliche Bewegung ist eines der Dinge im Leben, von denen jeder weiß, daß sie gut tut, für deren Vermeidung aber die meisten von uns Entschuldigungen finden. In diesem Kapitel soll das Thema nicht in aller Ausführlichkeit behandelt werden. Ein Buch über Streß wäre jedoch unvollständig, wenn man nicht die Verdienste körperlicher Bewegung erwähnen würde, deshalb soll dieses Kapitel als Zusammenfassung des momentanen Verständnisses angesehen werden und als Anstoß für Sie, ein Trainingsprogramm zu entwerfen, wenn Sie nicht schon regelmäßig Sport betreiben.

Es gibt verschiedene Arten körperlicher Bewegung; zum Beispiel Hatha Yoga, bei dem die Betonung auf Dehn- und Atemübungen liegt, oder Gewichtheben, dessen Ziel ein Muskelzuwachs ist. Jede Art körperlicher Übung hat ihren Wert. Für eine Steigerung des Wohlbefindens und einen besseren Umgang mit Streß ist jedoch aerober Sport die günstigste Art. Deshalb beschränken wir unsere Diskussion hier auf diese Art Sport.

Was ist aerober Sport?

Aerob bedeutet „Sauerstoff erfordernd", im Gegensatz zu anaerob, das „keinen Sauerstoff erfordernd" bedeutet. Wenn wir im weiteren Verlauf beschreiben, was in den Körperzellen vor sich geht, werden wir erkennen, daß die Dauer und die Intensität der körperlichen Bewegung bestimmen, ob der Muskel Glukose und Fett als Brennstoff verbrennt, um Energie zu produzieren (aerob), oder nur Glukose (anaerob).

Aerober Sport wird definiert als Ausdauer-Bewegung, bei der Ihre Muskeln mindestens 12 Minuten lang ununterbrochen arbeiten. Während dieser Zeit sollte die Herzschlagfrequenz 75-85 Prozent der maximalen Kapazität betragen. Wenn man diese Definition zugrunde legt, müssen einige Freizeitaktivitäten als nicht-aerob eingestuft werden. Golf zum Beispiel ist nicht intensiv genug, um die Herzfrequenz in genügendem Maße ansteigen zu lassen. Andere Sportarten wie Kurzstreckenlauf oder Gewichtheben lassen sicherlich die Herzfrequenz ausreichend ansteigen, sie dauern jedoch nicht lange genug an, um als aerob klassifiziert zu werden. Viele Ballspiele — Fußball, Handball, Rasenballspiel, Tennis — und Abfahrtskilaufen sind nicht ausdauernd genug, um aerob zu sein. Stattdessen werden bei ihnen Momente reger Aktivität von Perioden relativer Untätigkeit abgelöst.

Die bedeutenden aeroben Aktivitäten kann man in drei Kategorien einteilen, je nachdem ob das Herz sofort auf Arbeitsfrequenz umstellt (A), nach ungefähr drei Minuten (B) oder nach ungefähr acht Minuten (C).

A. Zwölf-Minuten-Gruppe: Seilspringen, Hampelmann, Laufen auf der Stelle, auf den Stuhl steigen.

B. Fünfzehn-Minuten-Gruppe: Jogging, Langlauf-Ski, Rudern, Springen auf dem Minitrampolin.

C. Zwanzig-Minuten-Gruppe: Gehen, Radfahren, Schlittschuh-Laufen, Rollschuh-Laufen, Schwimmen, Radfahren auf dem Heimtrainer.

Die oben angegebenen Zeiten sind Mindest-Zeiten. Längeres Üben ist vorteilhaft, es besteht jedoch die Regel, daß man die Wiederholungen reduzieren soll. Die ersten zwölf Minuten sind am wirksamsten für die Stärkung des kardiovaskulären Systems, die zweiten zwölf Minuten sind schon weniger effektiv und die dritten zwölf Minuten noch weniger effektiv.

Gehen Sie nicht am Samstag drei Stunden lang Radfahren und denken dann, das wäre Ihr Pensum für die Woche. Wenn man jedoch denselben Zeitaufwand gleichmäßig auf 6 Tage verteilt, hat man eine wirkungsvolle aerobe Aktivität. Wenn man sich nur an zwei Tagen oder weniger pro Woche sportlich betätigt, verschlechtert sich die Fitness; drei Mal pro Woche erhält die Fitness; sportliche Betätigung an mehr als drei Tagen verbessert die Fitness.

Wie intensiv soll das Üben sein?

Damit eine Übung aerob ist, müssen die meisten Menschen mit 80% der maximalen Herzfrequenz trainieren; bei Leuten mit Herzleiden sollten 75% des Maximums nicht überschritten werden.

Sind Sie über 40 Jahre alt oder haben Sie Herzprobleme, sollten Sie sich, bevor Sie mit dem Übungsprogramm beginnen, vom Arzt ein Belastungs-EKG erstellen lassen. Bewegung beeinflußt das Herz positiv, da es rationeller arbeitet. Bei regelmäßiger körperlicher Bewegung kann das Herz mit weniger Aufwand das Blut in die Blutbahnen pumpen. Zwischen den einzelnen Herzschlä-

gen gibt es längere Pausen. Man reagiert auf physische und emotionale Krisen nicht mehr mit Herzklopfen und Erhöhung des Blutdrucks.

Bei regelmäßigem, intensivem Üben vergrößern sich die Blutgefäße, und es bilden sich zusätzlich Kapillargefäße. Manchmal ist die Blutzirkulation in diesen neuen Gefäßen so gut, daß durch Ablagerungen blockierte Arterien umgangen werden können. Somit kann körperliche Bewegung Herzerkrankungen verhindern.

Körperliche Bewegung kann jedoch auch Herzanfälle hervorrufen. Hin und wieder liest man von Joggern, die während eines Marathon- oder Trainingslaufs einen Herzanfall bekommen und tot zusammenbrechen. Einige dieser Läufer waren sehr fit, wie z. B. der verstorbene James Fixx, der Autor des Buches „The Complete Book of Running". Glauben Sie also nicht, Bewegung allein könne Ablagerungen in den Arterien verhindern. Um dies zu erreichen, ist eine Kombination aus körperlicher Bewegung und einer Ernährung wie z. B. der Pritikin-Diät notwendig.

Wie bestimmt man die Arbeitsfrequenz des Herzens?

Covet Bailey gibt in seinem ausgezeichneten Buch „Fit or Fat?" die folgenden Hinweise zur Berechnung der Arbeitsfrequenz des Herzens.

A. Bestimmen Sie zunächst den Ruhepuls, indem Sie den Puls 6 Sekunden lang messen und die Zahl dann mit 10 multiplizieren. Bei den meisten Menschen liegt der Ruhepuls bei 60, 70, 80 oder 90. Wenn Sie bei der sechsten Sekunde gerade zwischen zwei Zahlen liegen, liegt der Puls bei 65, 75, 85 oder 95. Messen Sie den Puls mehrmals und bestimmen Sie den Durchschnitt.

B. Ihre maximale Herzfrequenz wird berechnet, indem Sie Ihr Alter von der Zahl 220 subtrahieren. Dies ist die höchste Frequenz, mit der Ihr Herz schlagen kann, unabhängig von Geschlecht oder physischer Fitness.

C. Die Arbeitsfrequenz Ihres Herzens kann berechnet werden, indem Sie die unter A und B erhaltenen Werte in die folgende Formel einsetzen:

(Maximale Herzfrequenz minus Ruhepuls) x 65% + Ruhepuls = Arbeitsfrequenz. Beispiel: Ein Vierzigjähriger hat einen Ruhepuls von 70. Seine Arbeitsfrequenz beträgt deshalb (180 - 70) x 65% + 70 = 141,5. Wenn diese Person Sport betreibt, sollte die Herzschlagfrequenz 141-142 Schläge pro Minute betragen.

Kontrollieren Sie Ihren Puls unmittelbar nach Beendigung des Übens (indem Sie ihn 6 Sekunden lang zählen und mit 10 multiplizieren). Wenn er um 10 Schläge unter der berechneten Arbeitsfrequenz liegt, üben Sie nicht intensiv genug. Wenn er um 10 Schläge über der berechneten Arbeitsfrequenz liegt, sollten Sie es ein wenig langsamer angehen. Zu geringe Beanspruchung führt nicht zu einer Verbesserung des Wohlbefindens; Überbeanspruchung kann dazu führen, daß dringend benötigtes Muskelgewebe abgebaut wird oder daß die Wahrscheinlichkeit einer Sportverletzung erhöht wird. Regelmäßige körperliche Bewegung kann Herzanfälle verhindern, deshalb steckt eine Ironie darin, daß Überbeanspruchung zu dem Herzanfall beitragen könnte, den man mit übereifrigem Üben zu vermeiden versuchte.

Es gibt eine Reihe von Möglichkeiten, Verletzungen zu verhindern. So sind richtige Aufwärm- und Abkühlübungen sehr wichtig. Drei bis fünf Minuten langsamen Dehnens (z.B. mit den Armen über dem Kopf nach vorn und zur Seite beugen) reichen bei den meisten Menschen aus, um die allgemeine Steifheit zu Beginn eines Übungsprogramms zu lindern. Führt man diese Dehnungen zu heftig aus, kann es zu Muskelverspannungen kommen. Achten Sie darauf, daß Sie nach den Dehnübungen unbedingt eine Übung nach dem Muster der Überkreuzbewegung ausführen, da Dehnungen die Muskeln oft schwächen, und Sie möchten doch nicht Ihr Laufen oder Jogging in diesem Zustand beginnen. Eine einfache Art der Überkreuzbewegung sieht so aus, daß man auf der Stelle marschiert und das jeweils angezogene Knie mit der entgegengesetzten Hand berührt. Diese Übung ist übrigens auch ein ausgezeichnetes Mittel, die linke und rechte Gehirnhälfte zu integrieren und die Hirnfunktionen zu verbessern.

Wenn Sie Laufen oder Jogging als körperliche Bewegung wählen, ist es ratsam, sich ein gutes Paar Jogging-Schuhe zuzulegen. Schützen Sie Ihre Füße: Sie brauchen sie viele Jahre! Laufen Sie auf ebenen Böden: Laufen auf unebenen Böden kann zu Verletzungen führen. Vermeiden Sie möglichst Laufen auf hartem Untergrund. Wenn Sie mit der Erhöhung der Kilometerzahl beginnen, sollten Sie jeden zweiten Tag Ihr Pensum steigern. Solch ein Trainingsplan im Rhythmus leicht-schwer, leicht-schwer gibt Ihnen die 48 Stunden, die Sie zur Erholung von den anstrengenderen Läufen benötigen.

Wenn im Verlauf des Trainingsprogramms Schmerzen auftreten, sollten Sie aufhören. Durch Schmerzen teilt uns der Körper mit, daß etwas nicht stimmt. Spielen Sie nicht den Helden (die Heldin) und treiben trotz Verletzungen Sport. Ihre sportliche Betätigung soll Ihr Wohlbefinden steigern und nicht Gesundheitsprobleme hervorrufen. Widerstehen Sie dem Drang nach zu starkem Üben, denn dies ist eine sichere Einladung für Verletzungen. Wenn Ihre sportliche Betätigung Symptome wie Schmerzen in der Brust oder Schwindelanfälle hervorrufen, sollten Sie sich sofort untersuchen lassen.

Vorteile körperlicher Bewegung

Körperliche Bewegung mag auf einige von uns nicht gerade anziehend wirken, deshalb ist es nützlich, sich die Vorteile immer wieder klar zu machen.

— Erhöhte Effizienz des kardiovaskulären Systems.
— Verbesserte Fähigkeit des Herzens, als effizientes Pumpsystem zu funktionieren. Ihr Herz lernt, wie man weniger und somit länger arbeitet.
— Der Blutdruck wird gewöhnlich gesenkt und stabilisiert sich.
— Der Ruhepuls ist niedriger.
— Die Lungenkapazität wird vergrößert und das Atmen erleichtert.
— Die Sauerstoffversorgung aller Gewebe und Organe im Körper wird verbessert.
— Die Blutgefäße vergrößern sich, zusätzliche Kapillargefäße werden gebildet, dadurch wird die Blutzirkulation verbessert.
— Eine verbesserte Blut- und somit Sauerstoffzufuhr zum Gehirn verbessert die Denkfähigkeit. Ihr Kopf ist nach sportli-

cher Betätigung oft klarer.
- Die Zeit der Blutgerinnung verlängert sich, spontane Blutge-
  rinnselbildung wird verhindert.
- Die Abfallprodukte des Stoffwechsels werden leichter aus den
  Geweben gespült.
- Gicht wird durch Senkung des Harnsäurespiegels verhindert.
- Die Erholungszeit nach Krankheit und Unfall wird verkürzt,
  beides tritt weniger häufig ein.
- Das Gehirn setzt Endorphine frei, die als Tranquilizer und
  Schmerz-Killer fungieren.
- Gehen, Joggen und Laufen erhalten die Knochendichte und
  vermindern die Wahrscheinlichkeit von Osteoporose im
  Alter.
- Besserer Schlaf wird ermöglicht.
- Nach der sportlichen Betätigung hat man weniger Appetit.
- Bei Altersdiabetes wird die benötigte Menge Insulin gewöhn-
  lich reduziert.
- Das Sexualleben verbessert sich.
- Fettgewebe wird durch Muskelgewebe ersetzt, die Körperfigur
  nimmt begehrenswertere Züge an.
- Sportliche Betätigung ist ein natürliches Ventil für Spannun-
  gen, Angst und Aggressionen, da die überschüssigen Streßhormone verbrannt werden. Sie eignet sich hervorragend bei
  Typ-A-Persönlichkeiten, vorausgesetzt, daß man dem Drang
  widersteht, einen Wettkampf gegen andere oder die Uhr aus-
  zutragen.
- Der Körper entspannt sich. Fünfzehn Minuten zügiges Gehen
  bringen mehr muskuläre Entspannung als ein Beruhigungs-
  mittel.
- Bewegung hat eine beruhigende Wirkung auf den Geist, da für
  die Einhaltung des Bewegungsrhythmus keine geistige Aktivität notwendig ist.
- Mit zunehmender Fitness steigt auch Ihre Zufriedenheit mit
  sich selbst, und die Wahrscheinlichkeit, daß Sie weitere positive Veränderungen in Ihrer Lebensart vornehmen, erhöht sich.
- Fett kann nur aerob abgebaut werden, deshalb ist aerobe Bewegung ein notwendiger Bestandteil jedes Gewichtsabnahme-

Programms. Mit Diät allein erreicht man gewöhnlich keine permanente Gewichtsabnahme.

Körperliche Bewegung und Körpergewicht

Für viele Leute, besonders für Frauen, ist das Körpergewicht eine Streßquelle. Viele würden sich deshalb auf ein Sportprogramm einlassen, wenn sie sicher wären, daß sie damit Erfolg hätten. Aus diesem Grunde werde ich das zusammenfassen, was wir über körperliche Aktivität als Mittel zur Gewichtsabnahme wissen.

Zunächst muß einem klar werden, daß man nicht Sport betreibt, um Kalorien zu verbrennen. Sie müßten zum Beispiel ungefähr 20 Minuten lang joggen, um die Menge Kalorien zu verbrauchen, die ein Glas Milch enthält (ca. 180 Kalorien). Covet Bailey stellt in seinem Buch „Fit or Fat" heraus, daß ein Marathonläufer während eines Laufs von 2,5 Stunden ungefähr 2000 Kalorien verbraucht. Ungefähr 50 % dieser Kalorien liefert Fett. Ein Pfund Fett enthält 3500 Kalorien, folglich verbrennt der Läufer weniger als 1/3 eines Pfunds Fett während dieses 42 km Laufs. Es wird offensichtlich, daß man nicht wegen der beim Sport verbrennenden Kalorien trainiert. Man verliert während der Übungen hauptsächlich Flüssigkeit, und dieser Verlust wird mit jedem Schluck Wasser danach wieder ausgeglichen. Wie können wir dann behaupten, daß sportliche Betätigung Gewichtsverlust bewirkt? Weil wir 24 Stunden pro Tag Kalorien verbrauchen, unabhängig davon, ob wir uns körperlich bewegen oder nicht, und der trainierte Körper verbraucht mehr Kalorien. Ungefähr 90 % der zu uns genommenen Kalorien werden vom Muskelgewebe verbraucht.Das Hauptziel beim Sport-Treiben ist es deshalb, die Muskelmasse im Körper zu vergrößern, so daß wir mehr Kalorien verbrauchen. Wenn wir mit unserem Sport beginnen, werden wir vielleicht zunächst entmutigt, da wir kein Gewicht verlieren. Es ist jedoch wichtig zu beachten, daß wir das Fett im Muskelgewebe abbauen und durch weiteres Muskelgewebe ersetzen; Muskelgewebe ist aber schwerer als Fettgewebe. Wenn all unsere Hoffnungen und Ängste nur auf der Waage ruhen würden, könnten wir wirklich entmutigt werden und aufgeben, da der Gewichtsverlust ausbleibt oder wir sogar (Horror!) 2 oder 3 Pfund zunehmen, dabei aber andere körperliche Anzeichen wie straffere Muskeln oder eine schmalere Hüfte ignorieren. Veränderungen in der Körperform und der Puls zeigen zuverlässiger als das Körpergewicht an, was bei Ihnen passiert. Viele Diätkuren bewirken zu Beginn Gewichtsverlust. Zum großen Teil handelt es sich hierbei um Flüssigkeitsverlust, der wieder ausgeglichen wird; weiterhin wird Muskelgewebe abgebaut, das Körpergewebe, das die meisten Kalorien verbraucht; wir zerstören also paradoxerweise genau das Gewebe, das uns am meisten hilft, Kalorien zu verbrauchen und Gewicht zu verlieren. Und man nimmt schneller zu als zuvor.

Deshalb sollten wir eine Ernährung mit viel Eiweiß und wenig Kohlehydraten vermeiden. Der Körper braucht Kohlehydrate, um sie, damit er richtig funktioniert, in einfachen Zucker wie Glukose umzuwandeln. Während beim Muskelgewebe sowohl Fett als auch Glukose der Brennstoff sein kann, ist es beim Gehirn nur Glukose. Das Gehirn verbraucht ungefähr 2/3 der in der Blutbahn enthaltenen Glukose; wenn also durch die Ernährung nicht genug Glukose bereitgestellt wird, muß der Körper sie selbst produzieren. Dies geschieht gewöhnlich so, daß im Muskelgewebe enthaltenes Eiweiß abgebaut wird. Das Ergebnis solcher Ernährungsweisen kann sein, daß man für jedes Pfund Fett auch ein Pfund Muskeln verliert.

Seien Sie deshalb vorsichtig in bezug auf Ernährung mit viel Eiweiß und wenig Kohlehydrate und entscheiden Sie sich lieber für Vermehrung des Muskelgewebes durch sportliche Aktivität.

Warum muß es unbedingt sportliche Aktivität sein?

Der größte Teil der Körperenergie wird von zwei Hauptquellen geliefert: Kohlehydrate und Fette. Die Kohlehydrate haben im Körper viele Funktionen. Fett hat jedoch nur eine bedeutende Funktion, nämlich die Bereitstellung von Energie. Kohlehydrate enthalten 4 Kalorien pro Gramm, Fette 9 Kalorien pro Gramm; somit enthalten Fette doppelt so viel potentielle Energie wie Kohlehydrate und können effizient auf weniger Raum gespeichert werden. Wenn wir uns nicht körperlich bewegen, liefert Fett 70%

der vom Muskelgewebe verbrauchten Energie, die Glukose nur 30 %. Wenn wir zunehmen, geht dem Körper zunehmend die Fähigkeit verloren, Fett als Energiequelle zu nutzen (wir müssen mehr im Blut enthaltene Glukose verbrauchen), und es wird zunehmend leichter, Fett anzusammeln. Der Ausweg aus diesem Alptraum ist es, durch körperliche Bewegung den Anteil an verbranntem Fett bei der Energie-Bereitstellung zu erhöhen.

Kohlehydrate können im Körper auf zwei verschiedene Arten abgebaut werden: entweder aerob, wobei Sauerstoff benötigt wird, oder anaerob, wobei kein Sauerstoff benötigt wird. Fette können jedoch nur aerob abgebaut werden. Deshalb sollten wir, um Gewichtsverlust zu erreichen, anaerobe Aktivitäten vermeiden. Wie weiß man, ob man aerob oder anaerob arbeitet? Die einfachste Regel ist: Wenn Sie sich während der sportlichen Aktivität ohne Schwierigkeiten unterhalten können, arbeiten Sie aerob. Wenn Sie außer Atem sind (und deshalb Schwierigkeiten haben, sich zu unterhalten), gehen Sie eine Sauerstoffschuld ein und befinden sich in einer anaeroben Phase. Während einer anaeroben Aktivität wie dem Sprint verbrennen wir Glukose und nicht Fett. Während eines Langstreckenlaufs verbrennen wir hauptsächlich Fett. Eine treffende Analogie, mit der man die Verwendung von Glukose und Fett als Körperbrennstoff verdeutlichen kann, ist in Covert Baileys Buch „Fit or Fat" enthalten. Er vergleicht Glukose mit Anzündholz; es brennt leicht, ist aber auch schnell verbraucht. Fett gleicht einem Holzklotz; es ist schwer, ihn zum Brennen zu bekommen, und er brennt nicht gut, wenn man nicht gelegentlich Anzündholz nachlegt. Wenn er jedoch erst einmal brennt, dann brennt er sehr lange und gibt viel Hitze ab.

Wenn jemand übergewichtig und in schlechter körperlicher Verfassung ist, muß er darauf achten, die sportliche Übung langsam und über eine längere Zeit auszuführen, wobei die Herzschlagfrequenz weniger als 80 % der maximalen Frequenz betragen sollte. Eine schnellere Ausführung könnte den Wechsel von der aeroben in die anaerobe Phase bewirken und die Fettverbrennung zugunsten der Glukoseverbrennung als Energiequelle abstellen. Wenn jemand erst einmal fit ist, hat er nach der sportlichen Aktivität eine Zeit lang weniger Appetit. Bei einer dicken

Person wird jedoch im Verhältnis mehr Glukose zur Energie-Bereitstellung verbrannt, und der so gesenkte Glukosespiegel im Blut führt zum Wunsch zu essen, um den Glukosespiegel wieder zu erhöhen; widerstehen Sie deshalb dem Wunsch, die Aktivität mit mehr Beanspruchung und somit einer höheren Herzfrequenz als 80 % des Maximums auszuführen, und achten Sie darauf, daß Sie sechs Mal pro Tag oder auch öfter komplexe Kohlehydrate zu sich nehmen, um den Blutzuckerspiegel zu stabilisieren.

Wenn Sie geduldig sind, Ihr Sportprogramm einhalten und es mit Hilfe der Pulsmessung kontrollieren, erhöhen Sie allmählich die Stoffwechselaktivität, vergrößern den Anteil an Muskelgewebe im Körper und erhöhen den Anteil an verbranntem Fett als Energiequelle. Mit dem Verschwinden dieses Fettes an Oberschenkeln, Hüften und in den Muskeln selbst, wird Ihre Figur straffer, Sie werden ein netter Anblick, Ihre Selbst-Einschätzung und Ihr Selbstvertrauen werden stärker und Ihr Streß wird gelindert. Das Wohlbefinden, das die sportliche Aktivität Ihnen bringt, wird zum Wunsch führen, das Training fortzusetzen, was wiederum ein Anheben des Wohlbefindens bewirkt.

Für diejenigen von Ihnen, die nicht dick sind und schon Sport treiben: Machen Sie weiter so! Sie machen schon etwas Wertvolles, das Ihnen einen besseren Umgang mit Streß ermöglicht.

Kapitel 14
Ausbalancierung des Körpers durch Emotionen

Da Sie jetzt über effektives Handwerkszeug verfügen, um Streß aus der Vergangenheit, Gegenwart und Zukunft zu eliminieren, ist es an der Zeit, die Aufmerksamkeit auf die Arbeit mit bestimmten Emotionen zu lenken. Ich habe zuvor schon als Beispiel die Beziehung zwischen Eifersucht oder Ekel und der Nebenschilddrüse bzw. dem Magen dargestellt. In den vergangenen zehn Jahren hat die Biokinesiologie-Forschung die Korrelation zwischen über 200 Paaren positiver und negativer Emotionen und spezifischen Organen gefunden. Jede negative Emotion kann die Energieversorgung eines spezifischen Organs unterbrechen; die genau entgegengesetzte Emotion kann das Gegenteil bewirken, sie kann den Energiefluß wiederherstellen. Diese Veränderungen treten unmittelbar ein. Zwei unserer gegenwärtigen Klienten zum Beispiel besitzen ein „Frühwarnsystem". Der eine, ein Mann, beginnt zu husten, sobald er an seinen Vater denkt, der sehr aggressiv ihm gegenüber war und ihm viel Kummer in seiner Kindheit bereitete. Der andere Klient, eine Frau, verspürt plötzlich ein Kitzeln in den Bronchien, beginnt zu husten, um dieses unangenehme Gefühl zu lindern, und erkennt, daß etwas , über das sie gerade gesprochen hat oder das sie gehört hat, in ihr das Gefühl „Trauer um andere" oder „Trauer um sich selbst" hervorgerufen hat. Wenn ein Freund in der Nähe ist, kann er mit Hilfe eines Muskeltests schnell feststellen, mit welcher Person sie tiefstes Mitgefühl empfindet. Wenn sie allein ist, kann sie nach sorgfältiger Überlegung herausfinden, wer es war. In beiden Fällen kann das Gleichgewicht in den Bronchien wiederhergestellt werden und die Klientin sich entspannen, indem die ESR-Technik angewendet wird und sie dabei an die entsprechende Person oder Situation denkt. Nicht jeder kann die Ursache so schnell feststellen, wenn ein Organ oder ein Teil eines Organs von einer Emotion beeinflußt wird. Es gibt jedoch eine Methode, die es Ihnen mit viel Übung ermöglicht, genau das zu tun; über diese Methode werden Sie jetzt mehr erfahren.

Hintergrund: Zunächst ein paar Informationen zum theoretischen Hintergrund. Einfach ausgedrückt befindet sich ein Organ im Gleichgewicht, wenn es mit einer angemessenen Menge Energie versorgt wird, nicht zu wenig und nicht zu viel. Wenn die Energieversorgung unzureichend ist, befinden sich das Organ und der assoziierte Hautreflexpunkt im Streßzustand und senden eine spezifische Frequenz von 69,5 Gigahertz aus *. Wir sagen, das Organ ist „schwach". Wenn Streß erzeugt wird, weil dem Organ zu viel Energie zugeführt wird, sendet es eine andere Frequenz aus (35 Gigahertz); wir sagen dann, das Organ und der entsprechende Hautreflex sind „überbeansprucht". Beide Möglichkeiten des Ungleichgewichts können mit dem biokinesiologischen Muskeltest aufgedeckt werden. Für unsere Zwecke müssen wir uns jedoch nur mit der ersteren beschäftigen. Wie finden wir die Frequenz von 69,5 Gigahertz heraus? In der Praxis ist es einfach; es ist jedoch schwieriger, es wissenschaftlich zu erklären. Legen Sie Ihre Fingerspitzen direkt auf den Reflexpunkt auf der Körperoberfläche, während Sie einen starken Muskel testen. Sollte das Organ schwach sein, spüren die Nervenenden direkt unter Ihren Fingernägeln das elektrische Signal, und der zuvor starke Muskel wird schwach, wenn das System einen Kurzschluß hat. Um herauszufinden, ob das Ungleichgewicht durch Arbeit mit Emotionen korrigiert werden kann, sagen wir deutlich hörbar zu der Person „Liebe, Liebe" und lassen dabei den Finger auf dem Reflexpunkt des Organs. Testen Sie sofort danach den Muskel noch einmal. Ist der Muskel jetzt stark, zeigt dies an, daß Emotionen verwendet werden konnten, um das Gleichgewicht im Organ wiederherzustellen. Wir haben den Energiestromkreis zeitweilig in

---

* Diese Frequenz von 69,5 Gigahertz (69,5 Billionen Schwingungen/Sekunde) wird bekanntlich von Chiropraktikern demoduliert, welche die »toftness«-Technik verwenden. Der Südpol eines Magneten demoduliert diese Frequenz ebenso. Ein überbeanspruchtes Gewebe sendet eine Frequenz von ca. 35 Gigahertz aus. Der Nordpol eines Magneten demoduliert diese Frequenz.

Balance gebracht. Legen Sie den Finger wieder auf den Reflexpunkt und sagen Sie „neutral, neutral" oder „schwach, schwach". Dadurch sollte der Energiekreis wieder aus dem Gleichgewicht gebracht werden.

Wenn wir „Liebe, Liebe" sagen, während wir den Reflexpunkt berühren, und der Muskel schwach bleibt, haben wir herausgefunden, daß die Arbeit mit Emotionen in dieser Situation nicht helfen wird. Das Problem könnte in der Struktur der Ernährung oder in toxischer Belastung liegen.

Bevor wir die spezifische positive Emotion bestimmen, die für die entsprechende Ausbalancierung notwendig ist, werden wir noch die Zuverlässigkeit und Empfindlichkeit des Muskeltests erhöhen. Je genauer man sich an die (beschriebenen) Anweisungen hält, umso genauere Ergebnisse werden erzielt. Bei einigen Empfehlungen werden die Gründe angegeben. Nähere Information darüber, warum und wozu das so gemacht wird, enthält das Buch „Which Vitamin, Which Herb Do I Need" vom „Biokinesiology Institute".

Methode: Sie (der Testende) und Ihr Freund (die Testperson) stehen sich im leichten Grätschstand (ca. 30 cm) leicht versetzt gegenüber, d.h. Sie blicken auf die rechte oder linke Schulter des anderen. Stehen Sie sich nicht direkt gegenüber, um die Möglichkeit auszuschließen, durch Plexus-Ungleichgewichte, die einer von Ihnen oder beide aufweisen können, negativ beeinflußt zu werden (mehr darüber später). Beide Arme sind für den Test geeignet, in unserem Fall soll der linke Arm als Testarm dienen. Der Testende legt seine linke Hand fest auf die rechte Schulter der Testperson, um eine Stabilisierung für beide zu erzielen und um den physischen Kontakt zwischen Ihnen zu erhöhen. Die Testperson hebt den linken Arm zur Seite (Deltoideus), nach vorn oder in irgendeine andere bequeme Position. Die Hand des Getesteten sollte nach unten gebeugt sein, um die Sensitivität des Tests zu erhöhen, und beide sollten die Augen und den Kopf gerade nach vorn richten. (Sie können selbst überprüfen, daß das Drehen des Kopfes in Richtung des nicht-dominanten Ohres bei vielen Leuten einen starken Muskel schwach werden läßt; ich möchte hier nicht Gründe für all diese Phänomene anführen, sonst würde das Buch doppelt so umfangreich!) Der Testende drückt mit seiner rechten Handfläche auf das Handgelenk der Testperson (die Ergebnisse sind dabei klarer, wenn man die Finger auf das Handgelenk legt, was wiederum klarere Ergebnisse ergibt als das Drücken auf den Unterarm). Achten Sie darauf, daß die Testperson die freie Hand nicht zur Faust ballt, daß die Finger nicht den Körper berühren und auch, daß keine Finger des Testenden den Körper der Testperson berühren (Sie berühren vielleicht einen schwachen Punkt). Der Testende übt mehrere Male ungefähr zwei Sekunden lang leichten Druck aus, um sich selbst und auch der Testperson die relative Kraft des Muskels (Basis-Kraft) zu verdeutlichen. Achten Sie darauf, daß wir zwar von einem starken oder schwachen Muskel sprechen, daß wir aber eigentlich gar nicht die wirkliche Kraft des Muskels testen sondern seine Integrität. Sperrt der Muskel oder versagt er? Es hat sich bewährt, „Halten" zur Testperson zu sagen, bevor man versucht, den Arm herunterzudrücken. Bei den meisten Menschen übt man einen Druck von ca. fünf bis sieben Pfund aus.

Organ-Reflexpunkt-Test

Wenn Sie mit dem oben beschriebenen Muskeltest vertraut sind, können Sie sich dem Testen verschiedener Organ-Reflexpunkte zuwenden. Sie, der Testende, berühren mit den Fingerspitzen der linken Hand irgendeinen der Reflexpunkte, die in der Abbildung auf Seite 126 dargetellt sind. Die genaue Lage der jeweiligen Punkte wird auf den Seiten 127-131 beschrieben (mit freundlicher Genehmigung entnommen aus: „Which Vitamin Which Herb Do I Need?" vom „Biokinesiology Institute"). Während Sie den Organ-Reflexpunkt berühren, üben Sie auf den ausgestreckten Arm der Testperson mehrere Male Druck aus. Sperrt er? Gut. Fahren Sie fort und überprüfen Sie weitere Reflexpunkte. Wird der Arm schwach? Wenn es so ist, dann schlagen Sie die Tabelle auf Seite 132 auf. Sagen Sie „Du fühlst ..." und setzen Sie ein, was auch immer die entsprechende positive Emotion für den Reflexpunkt ist, den Sie Ihrer Meinung nach berühren. Wenn der Indikatormuskel dann im Test stark ist, sagen Sie „neutral, neutral" oder „schwach, schwach", um das vorherige Ungleichgewicht wiederherzustellen, und sagen Sie dann noch einmal die positive Emotion, um zu überprüfen, ob der Reflexpunkt auf diese spezifische Emotion reagiert. Wenn dies der Fall ist, haben Sie das primäre, mit dem Reflexpunkt assoziierte Organ überprüft.

Gewebe-Test

Wenn Sie einen Organ-Reflexpunkt berühren, der sich nicht im Gleichgewicht befindet, werden Sie manchmal feststellen, daß die dem Punkt entsprechende positive Emotion keinen stärkenden Effekt auf ihn hat. Warum? Es gibt verschiedene Möglichkeiten. Sie berühren vielleicht nicht den Reflexpunkt, den Sie eigentlich berühren wollten. Das darunter liegende Organ ist vielleicht in Ordnung, aber ein darüberliegendes weiches Gewebe wie z. B. ein Muskel oder eine Sehne befinden sich vielleicht nicht im Gleichgewicht. Oder der Muskeltest wird nicht richtig ausgeführt. Ein Beispiel: Sie berühren die linke Seite des Unterleibsbereiches. Sie haben einen Punkt gefunden, der sich nicht im Gleichgewicht befindet und der auf Emotionen reagiert, der bei der Aussage „Liebe, Liebe" stark wird. Sie sind sich aber nicht sicher, ob der Punkt über dem Dickdarm oder dem Dünndarm liegt. Oder könnte es der darüber liegende schräge Bauchmuskel sein? Die Emotionen sollten Ihnen die Antwort geben. Entnehmen Sie die Emotionen für den Dickdarm (mitleidvoll) und für den Dünndarm (geschätzt) der Tabelle auf Seite 133. Korrigiert eine der beiden Emotionen das Ungleichgewicht? Wenn nicht, dann könnten Sie sagen „Du fühlst dich demütig ... heiter ... kommunikativ ... ruhig" etc. und testen nach jeder Aussage den Muskel, bis Sie ein Wort finden, das den Muskel stark werden läßt. Wenn der ein Ungleichgewicht aufweisende Punkt der schräge Bauchmuskel ist, müßte er eigentlich auf das Wort „angenehm" reagieren, da das primäre mit dem Muskel assoziierte Organ der Hypothalamus ist.

Die Biokinesiologie hat aufgezeigt, daß zwischen Gewebe, Organ und Gehirn eine Verbindung besteht. Die Emotionen, die einen spezifischen Teil eines Organs oder eine Organfunktion aus dem Gleichgewicht werfen, machen dies gleichzeitig auch mit einem Gewebe (z.B. Muskel, Sehne oder Band) und mit einem Teil des Gehirns. Korrigiert man eines dieser Ungleichgewichte, korrigiert man gleichzeitig alle Unausgeglichenheiten, da sie alle ein Teil desselben Energiekreises sind.

Für unsere Zwecke ist es am einfachsten, mit den Organ-Reflexpunkten zu arbeiten. Wenn Sie jedoch irgendwo einen Schmerz verspüren, der bei Berührung der Schmerzstelle einen starken Muskel schwach werden läßt, können Sie die zwanzig wichtigsten Organ-Emotionen (die dick gedruckten Emotionen im Anhang 1) verwenden, um herauszufinden, mit welcher positiven Emotion man arbeiten muß und mit welchem Organ das Gewebe assoziiert ist.

Welcher Unausgeglichenheit gibt man Priorität?

In einem anderen Kapitel des Buches wurde schon erwähnt, daß der Hypothalamus Hormone an den Hypophysenvorderlappen abgibt, der wiederum Hormone zur Schilddrüse und zur Nebennierenrinde sendet und diese veranlaßt, als Reaktion auf irgendeinen Streßfaktor weitere Hormone auszuschütten. Ebenso können bei einem Problem viele Organe betroffen sein. Wenn mehrere Organe ein Ungleichgewicht aufweisen, kann man jedoch durch die Korrektur einer Unausgeglichenheit das Gleichgewicht in allen wiederherstellen. Die primäre Unausgeglichenheit muß nicht immer in dem Organ vorliegen, das an der Spitze der „Befehlskette" steht. Stattdessen könnte sie dadurch entstehen, daß das Feedback von einem Organ im unteren Teil der Kette ausbleibt. Manchmal entstehen bei einer Person Ungleichgewichte, die keine Beziehung untereinander haben. Wie bestimmen wir deshalb, ob eine Beziehung zwischen Ungleichgewichten besteht, und wenn dies der Fall ist, mit welchem wir arbeiten sollten? Wir müs-

sen uns einfach ins Gedächtnis rufen, daß, wenn wir eine Schwäche zeitweilig ausbalancieren, wir gleichzeitig alles, was mit dieser
Schwäche zu tun hat, auch ins Gleichgewicht bringen. Ein Beispiel: Wir haben herausgefunden, daß die Organe A, B und C
„schwach" sind. Berühren Sie den Reflexpunkt für Organ A und
sagen Sie „Liebe, Liebe", um ihn zeitweilig wieder ins Gleichgewicht zu bringen. Testen Sie jetzt schnell den Muskel, während
Sie Reflexpunkt B und dann C berühren. Befinden sie sich jetzt
im Gleichgewicht. Wenn nicht, sagen Sie „neutral, neutral", während Sie den Reflexpunkt A berühren, und „Liebe, Liebe", während Sie Punkt B berühren; überprüfen Sie dann A und C.
Befinden sie sich alle im Gleichgewicht? Wenn sie durch die Stärkung von A und B nicht alle ausbalanciert worden sind, wiederholen Sie das Verfahren mit C. Sagen wir, die Stärkung von A
wirkte nur auf A; die Stärkung von B ließ A, B und C stark werden; die Stärkung von C ließ C und A stark werden. Offensichtlich müßten wir in diesem Fall mit der positiven Emotion für
Organ B arbeiten. Es ist ganz einfach, wenn man erst einmal das
Vorgehen verstanden hat.

Ungleichgewichte in Energiezentren

Die meisten von Ihnen sind wahrscheinlich erstaunt, daß Organ-
Reflexpunkte auf diese Art getestet werden können. Noch er-
staunlicher ist jedoch die Tatsache, daß Sie gewisse Körperunausgeglichenheiten aufdecken können, ohne den Körper zu berühren. Ich spreche von den Nervengeflechten. Ein Plexus besteht aus
Nerven, die sich auf sehr komplizierte Art teilen, sich dann wieder verbinden, sich wieder aufteilen und so ein Netzwerk bilden.
Der Solar-Plexus, der den meisten Menschen bekannt ist, ist solch
ein Geflecht. Die zehn Nervengeflechte werden auf Seite 131 gezeigt und beschrieben.

Beachten Sie, daß alle Nervengeflechte außer den bilateralen
Milz- und Genital-Nervengeflechten auf der Körpermittellinie lie-

gen. Forscher am „Biokinesiology Institute" haben die Nervenge-flechte als Energiezentren beschrieben.

Um herauszufinden, ob in einem dieser Energiezentren ein grö-ßeres Ungleichgewicht vorliegt, testen Sie zuerst einen starken Muskel wie den Deltoideus. Zeigen Sie dann mit den Fingerspit-zen direkt auf die Körperstellen, die auf den Seiten 126-130 be-schrieben werden. Die Fingerspitzen sollten sich nah am Körper befinden, sie müssen den Körper aber nicht berühren. Wenn der Muskel schwach wird, sagen Sie die entsprechende positive Emo-tion (S. 132ff). Ein gestärkter Indikatormuskel würde beweisen, daß in dem Energiezentrum (oder Nervenplexus) wirklich ein Ungleichgewicht vorlag.

Warum erwähne ich diese Energiezentren gesondert? Weil sie so wichtig sind! Jedes Zentrum kontrolliert ein bedeutendes System im Körper. Das Steißbein-Energiezentrum zum Beispiel steht mit dem Nervensystem in Verbindung und beeinflußt auch die men-tale Koordination. Wenn es sich also nicht im Gleichgewicht be-findet, kann es zu den folgenden Symptomen kommen: Nerven-degeneration; Neuralgie; Ischias; Zahnschmerzen beim Essen kal-ter und heißer Speisen; Nervosität; Zuckungen; Hyperaktivität; Behinderung der mentalen Fähigkeit, zu zeichnen, zu verstehen, zu erklären und Dinge zusammenzufügen; einige Arten von Le-gasthenie und damit verbundene Lernbehinderungen; die Schwie-rigkeit, links und rechts unterscheiden zu können. Sie erkennen jetzt, warum diese Energiezentren so wichtig sind. Die mit diesen Energiezentren assoziierten Emotionen müßten somit eigentlich sehr wichtige Emotionen sein. Richtig? Wie es sich herausstellt, sind sie, mit Ausnahme von Hoffnung, die „Früchte des Geistes", über die der Apostel Paulus im Brief an die Galater, 5:22,23 schreibt. Wenn Ihnen nur die Zeit für die Arbeit mit zehn positi-ven Emotionen zur Verfügung stünde, würden Sie sicherlich mit diesen arbeiten.

Die zehn Energiezentren, die Körperteile, die von ihnen kon-trolliert werden, und die positiven und negativen Emotionen, die einen Einfluß auf diese ausüben, werden im folgenden aufgeführt.

Energiezentrum	Körperteil	positive/negative Emotionen
1 Kronen	Muskeln	Liebe/ungeliebt
2 Epiphyse	Hormone	Freude/Kummer
3 Hals	Faszie	Sanftmut/Aggressivität
4 Herz	Meridiane	Treue/untreu
5 Zwerchfell	Bänder	Ruhe/unruhig
6 Solarplexus	Schleimhäute	Geduld/Ungeduld
7 Milz	Blutkreislauf	Güte/töricht
8 Abdominal	Sehnen	Hoffnung/hoffnungslos
9 Genital	Knochen	Freundlichkeit/gemein
10 Steißbein	Nerven	Selbst-Kontrolle/sorglos

Genauere Bestimmung der Organ-Emotionen

Zu jedem Organ gehören eine wichtige positive und negative Emotion, die so etwas wie Dach-Emotionen sind. Diese Emotionen beeinflussen im allgemeinen alle Teile des Organs in ihren Funktionen. Wenn wir genauer sein wollen, können wir die anderen, unter jeder Dach-Emotion aufgeführten Emotionen verwenden. Jede dieser Emotionen beeinflußt einen Teil des Organs in seiner Funktion, aber nicht das gesamte Organ. Sie sind sich oft ähnlich. Ein Beispiel: Die bedeutenden Emotionen für die Zirbeldrüse sind: kommunikativ auf der einen und sprachlos oder unkommunikativ auf der anderen Seite. Die unter diesen Begriffen aufgeführten Wörter wie taub, blind, stumm und schweigsam drücken offensichtlich verschiedene Möglichkeiten aus, wie wir unser Kommunikationsversagen empfinden. Wenn wir also mit einem spezifischen Organ-Reflexpunkt arbeiten, haben wir die Möglichkeit, die sekundären Emotionen auszusprechen, um herauszufinden, ob eine von ihnen der Hauptemotion zugefügt werden oder die Hauptemotion sogar ersetzen kann. Wenn wir zum Beispiel den Zirbeldrüsen-Reflexpunkt berühren und wir bereits herausgefunden haben, daß „kommunikativ" den Punkt stark werden läßt, so können wir ihn dann wieder kurz schwächen oder neutralisieren und anschließend überprüfen, ob irgendein anderer positiver Begriff ihn ebenso wieder ins Gleichgewicht bringt. Wenn zwei Emotionen denselben Punkt stark werden lassen, können sie mit beiden arbeiten. Sie werden jedoch manchmal feststellen, daß die Dach-Emotion den Punkt nicht länger stark werden läßt, nachdem Sie herausgefunden haben, daß eine sekundäre, genauere Emotion den unausgeglichenen Punkt stark werden läßt. Es ist, als ob der Körper zur Dach-Emotion sagt „Ich nehme sie", bis eine genauere Emotion sich als überlegen erweist; in diesem Fall wird die frühere Emotion aufgegeben.

Bestimmung der Situation oder der beteiligten Leute

Wenn Sie festgelegt haben, mit welcher Hauptemotion Sie arbeiten, ist es oft sehr hilfreich zu erfahren, auf wen oder was die Emotion angewendet werden soll. Sagen wir einmal, Sie haben festgestellt, daß der Herz-Reflexpunkt sich nicht im Gleichgewicht befindet. „Sicher" läßt ihn stark werden, „unsicher" schwächt ihn. Dann stellen Sie fest, daß „Versöhnlichkeit" und „verbittert" präzisere Wörter sind. Jetzt müssen wir die Ursache der Verbitterung herausfinden — noch wichtiger, wem vergeben werden soll? Während Sie den Herz-Reflexpunkt bei der Testperson berühren, können Sie sagen „Du mußt Versöhnlichkeit dir gegenüber zeigen" (testen Sie den Muskel: schwach), „... deinem Vater gegenüber" (Test: schwach), „... deiner Mutter gegenüber" (Test: schwach), „... deiner Frau gegenüber" (Test: stark) etc., bis der Punkt bei einer der genannten Personen stark wird. Wenn Sie es richtig ausgeführt haben, sollten Sie die Person identifiziert haben, die an der Situation beteiligt war und die Verbitterung verursachte. Sie können die Situation noch präzisieren, indem Sie die Zeitkomponente miteinbeziehen.

Zum Beispiel: „Du mußt deiner Frau vergeben (Test: stark) wegen eines bestimmten Zwischenfalls (Test: stark), der während der letzten Woche geschah (Test: stark), am Wochenende (Test: schwach), am Montag (Test: stark), am Montagmorgen (schwach), am Montagnachmittag (schwach), am Montagabend (stark), beim Abendessen (stark)." „Du mußt deiner Frau für einen Zwischenfall vergeben, der beim Abendessen am Montag geschah (stark), weil du etwas gesagt hast (schwach), weil sie etwas gesagt hat (stark) ... etc.", bis Sie so genau wie erforderlich den Zwischenfall isoliert haben. Eine einfache Möglichkeit, sich an die hier verwendete Methode zu erinnern, besteht darin, „Ja, ja" zur Testperson zu sagen oder es sie sagen zu lassen und dann einen zuvor starken Muskel zu testen. Er sollte stark sein. Sagen Sie „Nein, nein" zur Testperson oder lassen Sie die Person es sagen und testen Sie einen zuvor starken Muskel; der Arm sollte schwach sein. Bei der Arbeit mit positiven Emotionen läßt eine richtige Aussage den Muskel stark, eine falsche Aussage ihn schwach werden. Einfach, nicht wahr? Ja, aber viel Übung ist erforderlich.

Wie arbeitet man mit Emotionen?

In der Vergangenheit gaben wir unseren Klienten nach einer Therapiesitzung ein kreatives Gesundheitsprogramm mit auf den Weg; zu diesem Programm gehörten Empfehlungen in bezug auf Ernährung, weiterhin vier Paare Akupressurpunkte und fünf positive Emotionen. Die Anweisung hinsichtlich der letzteren lautete, drei Mal pro Tag ungefähr drei bis vier Minuten lang intensiv an Situationen aus der Vergangenheit oder der Gegenwart zu denken, die diese Gefühle hervorrufen. Wenn man sich an keine realen Beispiele aus der Vergangenheit erinnern konnte, bestand auch die Möglichkeit, sich intensiv vorzustellen, wie man etwas macht, das die spezifischen Gefühle hervorruft. Nehmen wir an, „erfolgreich" war eines der Gefühle auf der Liste. Wenn man sich an kein Beispiel für Erfolg aus dem Leben erinnern konnte, dann konnte man sich auf positive und aufbauende Art vorstellen, wie man z.B. eine erfolgreiche Rede hält, die in der folgenden Woche bei irgendeinem Treffen ansteht.

Obwohl hier nur eine mentale Vorstellung der Situation vorlag und auch noch eine Woche dazwischen liegt, müßte das erzeugte Gefühl eigentlich dasselbe sein, wie wenn das Ereignis wirklich schon gewesen wäre, und sollte damit seinen Teil zur Wiederherstellung des Gleichgewichts im Körper beitragen.

Wie jedoch schon zuvor herausgestellt wurde, kann der Versuch, das positive Gefühl zu erzeugen, weiteren Streß hervorrufen, wenn das bisherige Leben durch die negative Emotion gekennzeichnet war. Anstatt sich zum Beispiel „sicher" zu fühlen, kann der Versuch, sich sicher zu fühlen, alle möglichen „Knöpfe drücken" und Sie noch deutlicher daran erinnern, wie „unsicher" Sie eigentlich sind. Bei dem dadurch erhöhten Streß darf man sich nicht wundern, daß sich einige Klienten bei der Arbeit mit positiven Emotionen unwohl fühlen. Aus diesem Grunde eliminieren wir möglichst viel Streß in bezug auf Emotionen, bevor wir den Klienten bitten, mit positiven Emotionen zu arbeiten. Kennt der Klient eine bedeutende streßbereitende Situation, in der die spezifische negative Emotion eine Rolle spielt, so wenden wir ESR-Technik mit Augenrotationen an, wobei wir die Augen langsam im Uhrzeigersinn und dann entgegen dem Uhrzeigersinn (oder umgekehrt) bewegen lassen; während die Person sich die streßbereitende Situation lebhaft vorstellt, legen wir unter ihre Fersen und auf die Mitte der Stirn Alu-Folie. Anschließend testen wir den Pectoralis major clavicularis. Lassen Sie die Testperson genau an das Ereignis denken, von dem sie durch dieses Vorgehen gerade eben „entstreßt" wurde. Wenn der Arm schwach reagiert, wiederholen Sie die Prozedur mit den Augen. Wenn er stark testet, lassen Sie die Testperson die positive Emotion aufsagen, z.B. „Ich fühle mich zufrieden". Wenn der PMC-Muskel schwach wird, wenden Sie die ESR-Technik mit Augenrotationen an, wobei die Testperson laut oder auch nur leise vor sich hin sagt „Ich fühle mich zufrieden, ich fühle mich zufrieden" etc. Wenn der Arm schwach wird, können wir annehmen, daß einige Teile des Gehirns mit dieser Aussage nicht einverstanden sind. Die Augenrotationen sollten diese Teile des Gehirns von Streß befreien. Testen Sie den PMC-Muskel noch einmal, während die Testperson sagt „Ich fühle mich zufrieden". Wenn der Muskel schwach testet, wiederholen Sie die Augenrotationen. Wenn der Muskel sperrt, nachdem die Testperson die Aussage gemacht hat, können wir annehmen, daß die Arbeit mit dem positiven Wort keinen größeren Streß mehr auslöst.

Unser letzter Schritt besteht darin, den Klienten zu bitten, sich eine Situation aus der Vergangenheit oder der Gegenwart ins Gedächtnis zu rufen, die eigentlich das spezifische positive Gefühl erzeugen sollte. Wenn wir sagen „Diese Situation ist geeignet" und der Arm dabei stark testet, teilen wir dem Klienten mit, daß dies ein gut geeignetes Beispiel für die Arbeit mit positiven Emotionen sei. Wenn der Arm nach der Aussage schwach wird, halten wir die Situation für ungeeignet, das erforderliche Gefühl zu erzeugen, und suchen weiter nach einer Situation, die den Arm stark werden läßt.

Wenn die negative Emotion sehr festsitzt, wenden wir die Technik des Schläfenklopfens an, um mit der Gewohnheit zu brechen.

Bei schwierigeren Situationen ist es gelegentlich notwendig, mit Hilfe des Muskeltests das besondere Ereignis herauszufinden, das anscheinend die Körperunausgeglichenheit bewirkte, um dann die Technik zur Befreiung von emotionalem Streß anzuwenden.

Die Anwendung von Affirmationen zum Aufspüren von versteckten Blockierungen

Die meisten von uns hätten gern, daß das Bewußte das Unbewußte kontrolliert. Leider verhält es sich oft genau anders herum. Carl und Stephanie Simonton haben bei Krebspatienten, die als unheilbar galten, mit Visualisierungsübungen unglaubliche Arbeit geleistet. Bei Patienten, die die Visualisierungstechniken anwendeten, indem sie innerlich sahen, wie die chemotherapeutischen Mittel nur die Krebszellen zerstörten, aber den restlichen Körper nicht schädigten — durch Eindringen in das Knochenmark zum Beispiel —, hatte die Chemotherapie keine Nebenwirkungen. Dies steht sehr stark im Gegensatz zu dem, was bei einer Chemotherapie mit den meisten Menschen passiert, nämlich daß sie lieber an Krebs sterben als weiterhin unter Haarausfall, starker Übelkeit und anderen Nebeneffekten zu leiden.

Vielleicht genau so erstaunlich ist die Simonton-Technik, bei der man den Krebspatienten sich selbst und den Krebs zeichnen läßt. Ob die entsprechende Person den Krebs überleben wird oder nicht, kann gewöhnlich genau aus den Zeichnungen abgelesen werden. Jemand mag bewußt sagen, daß er erwartet weiterzuleben. Die Zeichnung macht jedoch genauere Aussagen und enthüllt die unbewußten Gefühle.

Der Muskeltest ist eine einfache, doch sehr effektive Methode, die unbewußte Programmierung eines Menschen herauszufinden. Die Methode beinhaltet folgende Schritte: (1) Testen Sie die Pectoralis-major-clavicularis-Muskeln (PMC). (2) Sagen Sie „Ja, ja" oder lassen Sie die Testperson es sagen, testen Sie dann die Muskeln erneut. Sie sind gewöhnlich stark. (3) Sagen Sie „Nein, nein" oder lassen Sie die Testperson es sagen, testen Sie dann die PMC-Muskeln noch einmal. Sie sind gewöhnlich schwach. (4) Lassen Sie den Getesteten die entsprechende Formel sprechen und testen Sie beide PMC-Muskeln. (5) (a) Beide sagen „Ja": die Aussage wird geglaubt. (b) Beide sagen „Nein": die Aussage wird nicht geglaubt (c) Ein Arm zeigt „Ja" an, der andere „Nein". In diesem Fall liegt ein Integrationsproblem des Gehirns vor; wir würden die Integrations-Technik anwenden und dann noch einmal testen, um zu überprüfen, ob beide jetzt „Ja" oder „Nein" anzeigen.

Das Schläfenklopfen ist eine effektive Methode, „die Platte zu wechseln", wenn der Muskeltest erwiesen hat, daß „nicht die richtige Platte läuft". Eine schnellere und effektivere Möglichkeit, die Gegensatz-Paare zu verdrehen, besteht jedoch darin, die Augenrotationen durchzuführen, während man die Stirnbeinhöcker berührt, und das erwünschte Ziel auszusprechen.

Typische Aussagen, die verwendet werden können, sind:

Ich esse, um zu leben.	Ich lebe, um zu essen.
Ich möchte leben.	Ich möchte sterben.
Ich glaube, ich kann gesund werden.	Ich möchte krank bleiben.
Ich möchte Erfolg haben.	Ich muß versagen.

Ich liebe mich grenzenlos.	Ich liebe mich bedingt.
Ich mag mich.	Ich hasse mich.
Ich möchte das Rauchen aufgeben.	Ich möchte das Rauchen nicht aufgeben.

Wenn Sie mit dieser Methode arbeiten, entdecken Sie einige interessante Platten; die in Menschen „ablaufen". Ein Beispiel: Manchmal ergibt der Muskeltest bei Menschen, die ein sehr schlechtes Verhältnis zu ihrem leiblichen Vater haben, eine bilaterale Schwächung, wenn sie „Gott, der Vater" sagen. Das Bild ihres spirituellen Vaters ist oft so negativ, weil das Bild ihres leiblichen Vaters negativ ist. Sie sind sich dieser Tatsache vielleicht gar nicht bewußt. Sie gehen zum Gottesdienst und kommen im Ungleichgewicht heraus, weil der Pfarrer auch von Gott, dem Vater gesprochen hat und damit „alle möglichen Knöpfe gedrückt" hat.

Der spirituelle Aspekt

In Büchern und Vorlesungen wird die holistische Gesundheit symbolisch oft als Triade dargestellt; die eine Seite bilden körperliche Bewegung und Struktur, die zweite Seite repräsentiert die Ernährung und die dritte Seite die emotionalen, psychologischen und spirituellen Aspekte unseres Daseins.

Ich habe aber dem spirituellen Aspekt kein eigenes Kapitel gewidmet. Bedeutet dies, daß ich ihn für unwichtig erachte? Im Gegenteil, ich halte ihn für sehr wichtig.

Menschen mit festen religiösen Überzeugungen, die an einen Gott glauben, der sie durch die Unannehmlichkeiten ihres Lebens führt, müßten folglich an sich eine größere innere Ruhe aufweisen. Menschen, die nach Bibelsätzen leben wie z.B. „Wir wissen aber, daß denen, die Gott lieben, alle Dinge zum Besten dienen ... Ist Gott für uns, wer mag wider uns sein?" (Römer 8:28-31); "Ich vermag alles durch den, der mich mächtig macht, Christus" (Philipper 4:13); und „Gott ist getreu, der euch nicht läßt versuchen über euer Vermögen ..." (Korinther 10:13), diese Menschen, die Unannehmlichkeiten als Möglichkeiten zur Charakterentwicklung sehen, besitzen das Potential, die Höhen und Tiefen des Lebens mit weit weniger Streß zu überstehen, als diejenigen, die nicht so religiös sind. Das Wissen darum, was der Mensch ist, was sein Zweck ist, und ein Verständnis des „großen Bildes" sollten eine Quelle für Hoffnung und Glaube in einer geplagten Welt sein.

Walter McQuade und Ann Aikman stellen in ihrem Buch „Streß" heraus, daß „die schwindende Kraft der Religion einer der Gründe dafür ist, daß das Leben in der westlichen Welt so streßgeladen geworden ist und auch dafür, daß viele Menschen wieder umdenken und sich wieder der Religion zuwenden ..."

Die in diesem Buch gelehrten Techniken können Ihr Leben stark beeinflussen und verändern, doch es sind nur Werkzeuge.

Und wie alle Werkzeuge können sie mißbraucht werden. Setzen Sie die Techniken so ein, daß sie dabei helfen, sich zu verändern, aber erlauben Sie nicht, daß sie außer Kontrolle geraten und zu Ihren Göttern werden. Setzen Sie die Techniken ein, um anderen Glück und Freiheit zu geben, und Sie werden dafür Dankbarkeit ernten, aber widerstehen Sie der Versuchung, sie nur für sich selbst zu nutzen. Wahres Glück kommt vom Geben, nicht vom Nehmen!

Punkte für spezifische Reaktionen

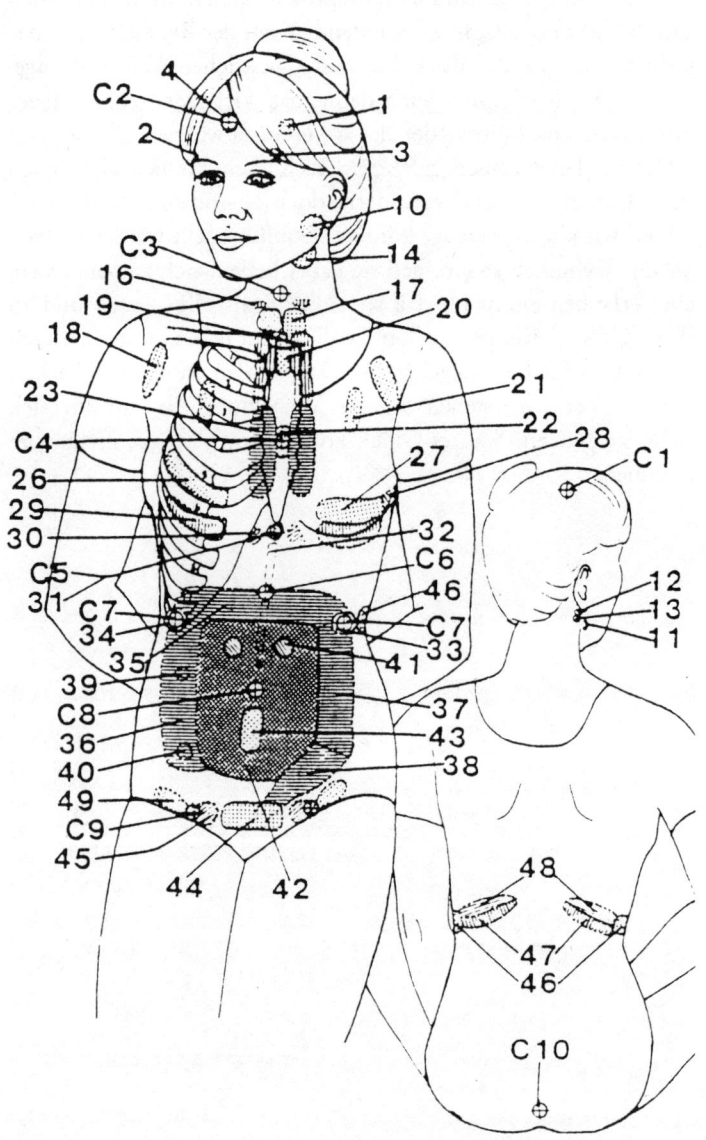

Punkte für spezifische Reaktionen

1. HYPOTHALAMUS — Auf der Mitte der Schläfe hinter dem Haaransatz. Eine Fläche von der Größe einer 5-Pfennig-Münze.

2. HYPOPHYSENVORDERLAPPEN — Über der Augenbraue, senkrecht über dem äußeren Augenwinkel. Kurz vor der knöchernen Erhebung am Übergang vom Schläfenbein zum Stirnbein. Auf der rechten Seite. Eine Fläche von der Größe einer 5-Pfennig-Münze.

3. HYPOPHYSENHINTERLAPPEN — Dieselbe Lage, aber auf der linken Körperseite.

4. ZIRBELDRÜSE — Zentrum der mittleren Stirn.

5. OHR — Zeigen Sie mit dem Finger in verschiedenen Winkeln in das Ohr.

6. AUGE — Berühren Sie mit dem Finger vorsichtig das Auge.

7. NASE — Führen Sie den Zeigefinger in die Nase.

8. ZÄHNE — Berühren Sie die gesamte Oberfläche jedes Zahnes.

9. GAUMEN — Berühren Sie die gesamte Fläche des Gaumens.

10. OHRSPEICHELDRÜSE — Berühren Sie die Wangen nahe den Weisheitszähnen. Der Bereich ist ungefähr so groß wie eine 1-DM-Münze.

11. SUBLINGUALE LYMPHDRÜSEN — Unter dem Kiefer an der Verbindungsstelle mit dem Hals.

12. MANDELN — Hinter dem Ohrläppchen, der Finger zeigt hinter dem Kieferknochen nach vorne. Direktes Berühren der Mandeln auch möglich.

13. RACHENMANDELN — Unterhalb des Ohrläppchens, der Finger zeigt hinter dem Kieferknochen nach vorne.

14. KAROTIS-SINUS — Zwei Daumen breit unterhalb des Kiefers, vor dem Sternocleidomastoideus-Muskel.

15. HAARE — Greifen Sie die Haare an verschiedenen Punkten und pressen Sie sie mit den Fingerbeeren des Zeige- und Mittelfingers gegen den Daumen.

16. NEBENSCHILDDRÜSE — Unmittelbar seitlich des unteren Teiles des Adamsapfels, des Schildknorpels.

17. SCHILDDRÜSE — Ein großer Bereich von ungefähr der Größe eines Markstückes. Über dem Brustbein und zwischen den großen seitlichen Halsmuskeln, den Sternocleidomastoideus-Muskeln.

18. LUNGE — In der Grube unter dem Schlüsselbein und vor dem großen Schultermuskel, dem Deltoideus. Der Bereich ist ungefähr 5 cm lang und 1,5 cm breit.

19. THYMUS — Seitlich des Manubriums, des oberen Teiles des Brustbeins. Der Bereich ist ungefähr 1,5 cm breit und 5 cm lang.

20. BRONCHIEN — In der Mitte des Manubriums, des oberen Teiles des Brustbeines. Der Bereich ist ungefähr 1,5 cm breit und 5 cm lang.

21. LYMPHDRÜSE — Dieser Bereich kontrolliert die Nerven, die das lymphatische System aktivieren. Der Bereich ist ungefähr 5 cm lang und 1,5 cm breit. Er liegt ungefähr auf der Mitte einer senkrecht von der Brustwarze zum Schlüsselbein führenden Linie, zwischen der zweiten und vierten Rippe.

22. HERZ — In der Mitte des Brustbeins, 3/5 der Stecke vom oberen bis zum unteren Teil des Brustbeines. Ungefähr auf Höhe der Brustwarzen beim Mann.

23. HERZ — Zweiter Punkt, unmittelbar seitlich des Brustbeins, zwischen der dritten und fünften Rippe. Der Bereich ist ungefähr 1,5 cm breit und 6,5 cm lang.

24. BRUSTLYMPHE — Der gesamte Brustbereich.

25. MILCHGANG — Berühren Sie den Gang, den Brustwarzenring und die Brustwarze.

26. LEBER — Unter der Brust. Ein Bereich, der ungefähr 7,5 cm lang und 1,5 cm breit ist, befindet sich auf der rechten Seite zwischen der fünften und sechsten Rippe.

27. MAGEN — Ein Bereich von ungefähr der Größe des Leber-Reflexpunktes, zwischen fünfter und sechster Rippe aber auf der linken Seite.

28. MAGEN-HCL — Ein Bereich von ungefähr der Größe einer 1-DM-Münze zwischen der fünften und sechsten Rippe, 4

Daumenbreiten seitlich der Brustwarzenlinie auf der linken Seite.

29. BAUCHSPEICHELDRÜSEN-BLUTZUCKER — Ein Bereich, der ungefähr 5 cm lang und 1,5 cm breit ist, unterhalb der Brust zwischen der sechsten und siebten Rippe.

30. BAUCHSPEICHELDRÜSEN-ENZYME — Ein Bereich, ungefähr 2,5 cm lang und 1,5 cm breit, unter dem Brustkorb an der Verbindungsstelle mit dem Brustbein.

31. MAGENEINGANG — Ein Punkt unmittelbar unterhalb des Brustbeines an der Spitze des Schwertfortsatzes.

32. ZWÖLFFINGERDARM — Auf der Mittellinie von einer Daumenbreite unterhalb des Brustbeines bis zu einer Daumenbreite oberhalb des Nabels. Ungefähr 5-7 cm lang und 0,5 cm breit.

33. MILZ — Auf einer senkrecht zur Brustwarze verlaufenden Linie an der Basis des Brustkorbes. Ein Bereich von ungefähr der Größe eines 5-DM-Stückes, nur links.

34. GALLENBLASE — Dieselbe Lage wie beim Milz-Punkt, nur auf der rechten Seite.

35. COLON TRANSVERSUM — Ein Bereich, ungefähr 2,5 cm breit und 12-20 cm lang, zwischen Gallenblase und Milz.

36. COLON ASCENDENS — Ein Bereich, ungefähr 2,5 cm breit und 10-20 cm lang, zwischen Gallenblase und innerer Hüfte auf der rechten Seite, auf einer von der Brustwarze senkrecht verlaufenden Linie.

37. COLON DESCENDENS — Dieselbe Lage wie Colon ascendens, nur auf der linken Seite.

38. SIGMOID — Ein Bereich, ungefähr 7,5 cm lang und 2,5 cm breit, ungefähr 2,5 cm oberhalb und in Richtung des Zentrums der Linie zwischen den inneren Hüften, nach unten und in Richtung Mittellinie verlaufend.

39. ILEOCOECALKLAPPE — Seitlich des Nabels am Schnittpunkt mit dem Colon ascendens.

40. BLINDDARM — Ziehen Sie eine Linie vom Nabel zur inneren Hüfte, der Winkel sollte nach unten zeigen und 45° betragen. Der Punkt liegt ungefähr auf 2/3 der Strecke nach unten und außen auf der rechten Seite. (Denken Sie daran, beim Test

immer direkt nach vorn zu schauen). Gelegentlich treten Scheinreaktionen des Blinddarms auf der linken Seite auf; dies wird dadurch verursacht, daß die Person nicht nach vorn schaut, und durch Störungen im Corpus callosum des Gehirns.

41. PFÖRTNER DES MAGENS — Vom Nabel ungefähr eine Daumenbreit nach oben und außen.

42. DÜNNDARM — Ein großer Bereich, der seitlich an Colon ascendens und von oben nach unten an Colon transversum und Harnblase grenzt.

43. UTERUS—PROSTATA — Ein Bereich, ungefähr 1,5 cm breit und 8,5 cm lang, 2,5—5 cm senkrecht unterhalb des Nabels.

44. HARNBLASE — Ein Bereich, ungefähr 5 cm breit und 1,5 cm lang, oberhalb des Schambeines.

45. EIERSTÖCKE UND HODEN — Ein Bereich von ungefähr der Größe eines 10-Pfennig-Stückes, am Oberrand des Schambeines, kurz bevor es nach unten zu verlaufen scheint.

46. NIERE — An den Seiten, ein Bereich von der Größe eines 5-DM-Stückes. Der Punkt liegt dort, wo eine von den Achselhöhlen nach unten gezogene Linie auf die Basis der Rippen trifft.

47. NEBENNIERENMARK — Unterhalb der zwölften (letzten) Rippe. Ein Bereich, ungefähr 5 cm lang und 1,5 cm breit, der am Brustkorb entlang verläuft.

48. NEBENNIERENRINDE — Ein Bereich, ungefähr 5 cm lang und 1,5 cm breit, zwischen der elften und zwölften Rippe.

49. FEMORALE LYMPHDRÜSEN — Ein Bereich, ungefähr 5 cm lang und 1,5 cm breit, in der Leistengegend.

50. HAUT — Berühren Sie mit dem Handrücken die Haut. Es gibt viele Hunderte von Hautreflexpunkten. Zeigen Sie deswegen nicht mit den Fingerspitzen zur Haut.

51. KNOCHEN — Drücken Sie fest auf jeden hervorstehenden Knochen, der nicht unter dicken Muskelschichten liegt.

52. TRÄNENDRÜSE — Unter dem über dem Auge gelegenen Rand des Stirnbeines — in der äußeren seitlichen Begrenzung der Augenhöhle.

53. GEBÄRMUTTERHALS — Auf der Körper-Mittellinie, knapp oberhalb der Schambehaarung bei Frauen.

Nervengeflechte

C1. KRONEN-NERVENGEFLECHT — Auf der Mitte des Kopfes, direkt oberhalb des Ohres. Nahe dem Akupunkturpunkt „Lenkergefäß 21".

C2. ZIRBELDRÜSE-NERVENGEFLECHT — Auf der Mitte der Stirn.

C3. HALS-NERVENGEFLECHT — Auf der Mitte des Adamsapfels.

C4. HERZ-NERVENGEFLECHT — Auf der Mitte des Brustbeines nahe der vierten Rippenlinie. Nahe dem Akupunkturpunkt „Zentralgefäß 18".

C5. ZWERCHFELL-NERVENGEFLECHT — Auf der Körpermittellinie direkt unter dem Brustbein (Schwertfortsatz), nahe dem Akupunkturpunkt „Zentralgefäß 15".

C6. SOLAR-NERVENGEFLECHT — Auf der Körpermittellinie, auf der Hälfte zwischen Nabel und Schwertfortsatz (Basis des Brustbeines). Nahe dem Akupunkturpunkt „Zentralgefäß 12".

C7. MILZ-NERVENGEFLECHT — An der Basis des Brustkorbes, unterhalb der Brustwarzen. Nahe dem Akupunkturpunkt „Milz 16".

C8. ABDOMINAL-NERVENGEFLECHT — Auf der Körpermittellinie, 1,5 Daumenbreiten unterhalb des Nabels. Nahe dem Akupunkturpunkt „Zentralgefäß 6".

C9. GENITAL-NERVENGEFLECHT — Vier Daumenbreiten von der Körpermittellinie unmittelbar oberhalb des Hüftknochens. Nahe dem Akupunkturpunkt „Milz 13".

C10. STEISSBEIN-NERVENGEFLECHT — An der Basis des Steißbeines nach oben zeigend. Akupunkturpunkt „Lenkergefäß 1".

Diese Informationen wurden mit freundlicher Genehmigung vom „Biokinesiology Institute" übernommen.

Organ-Emotion-Beziehung

ORGAN	NEGATIVE EMOTION	POSITIVE EMOTION
1 Hypothalamus	unerwünscht	angenehm
2 Hypophysenvor-derlappen	enttäuscht	zufrieden
3 Hypophysenhin-terlappen	starrköpfig / streitlustig	nachgiebig / einverstanden
4 Zirbeldrüse (Epiphyse)	sprachlos	kommunikativ
5 Ohr	nicht unterstützend	unterstützend
6 Auge	überwältigt	erfolgreich
7 Nase	schrecklich / abstoßend	wunderbar / angenehm
8 Zähne	altersschwach	vital
9 Gaumen	ohne Mitgefühl	mitfühlend
10 Ohrspeicheldrüse	griesgrämig / streitsüchtig	zustimmend
11 Sublinguale Lymphdrüsen	überlastet	kompetent
12 Mandeln	ängstlich	kühn
13 Rachenmandeln	intolerant	tolerant
14 Karotis-Sinus	gemein / boshaft	freundlich / versöhnlich
15 Haare	belästigt / unter Druck gesetzt	engagiert / erfrischt
16 Nebenschilddrüse	eifersüchtig / paranoid / unterdrückt	vertrauend / sicher
17 Schilddrüse	gedemütigt / beschämt	hilfsbereit / Gütigkeit
18 Lunge	deprimiert	heiter
19 Thymus	beunruhigt	ruhig

ORGAN	NEGATIVE EMOTION	POSITIVE EMOTION
20 Bronchien	Kummer wegen anderer	Mitgefühl / Zusammengehörig-keitsgefühl
21 Lymphe	verwirrt	zuversichtlich
22 Herz	unsicher	sicher
23 Herz	unsicher	sicher
24 Brust-Lymphe	gehemmt	ermutigt
25 Brust, Milchgang	arrogant	zuhörend
26 Leber	bekümmert	zufrieden
27 Magen	unzuverlässig / untergeordnet	zuverlässig
28 Magen-HCL	unzufrieden / ungeduldig	zufrieden / geduldig
29 Bauchspeicheldrü-se-Blutzucker	nicht akzeptiert	akzeptiert
30 Bauchspeicheldrü-se-Enzyme	Trauer / Jammer	Freude / dankbar
31 Magenmund	ungehorsam / rebellisch	gehorsam / akzeptierend
32 Zwölffingerdarm	nicht geschätzt	geschätzt
33 Milz	mutlos / nutzlos	mutig / nützlich
34 Gallenblase	stolz	demütig
35 Colon transversum	erbost / Zweifel	barmherzig / Sicherheit
36 Colon ascendens	erbost / einsam	barmherzig / um-gänglich
37 Colon descendens	erbost / ausgeschlossen	barmherzig / miteinbezogen
38 Sigmoid	erbost / entzweit	barmherzig /vereint
39 Ileocoecalklappe	Vergeltung / Bestrafung	diszipliniert / gelehrt
40 Blinddarm	unversöhnlich	versöhnlich
41 Pförtner des Magens	ärgerlich	anerkennend

ORGAN	NEGATIVE EMOTION	POSITIVE EMOTION
42 Dünndarm	nicht geschätzt	geschätzt
43 Uterus-Prostata	unehrenhaft / Unrecht	nett / verstanden
44 Harnblase	sinnlos	Langmut / sicher
45 Eierstöcke-Hoden	fruchtlos / besorgt	fruchtbar / zufrieden
46 Niere	untreu	treu
47 Nebennierenmark	frustriert / ausgenutzt	zufrieden / geschätzt
48 Nebennierenrinde	besorgt / erregt	friedfertig / ruhig
Haut	Unbehagen	harmonisch
Knochen	aufgeregt	friedfertig
Tränendrüsen	eingeschränkt	interessiert
Wirbel	Konkurrenz	Kooperation
Knochenmark	unzureichend	ausreichend
Knochenhaut	hochmütig	sanftmütig
Speiseröhre	klaustrophobisch / erstickt	geöffnet / Atem
Eustachische Röhre	nicht geglaubt / unzuverlässig	geglaubt / zuverlässig

Anhang 1
Spezifischere Organ-Emotionen

ORGAN	NEGATIVE EMOTION	POSITIVE EMOTION
GALLENBLASE	STOLZ	DEMÜTIG
	egoistisch	bescheiden
	hochnäsig	ein-mitfühlend
	desorganisiert	organisiert
	hochmütig	sanftmütig
	selbstgefällig	mitleidsvoll
	arrogant	zuhörend
	verletzt	trösten, Trost
	verwirrt	zuversichtlich
LUNGE	DEPRIMIERT	HEITER
	Kummer wegen anderer	Mitgefühl / Zusammengehörigkeitsgefühl
	Kummer über sich selbst	Mitgefühl / Zusammengehörigkeitsgefühl
	traurig	froh
	kritisiert	geschätzt
	zurückgezogen	gesellig
	nicht auf dem Damm	auf der Höhe
	unfreundlich	freundlich
ZIRBELDRÜSE	SPRACHLOS	KOMMUNIKATIV
	taub	aufmerksam
	blind	beobachtend
	stumm	expressiv
	keinen Ton herausbringend	expressiv

ORGAN	NEGATIVE EMOTION	POSITIVE EMOTION
	ungesellig	gesellig
	ziellos	entschlossen
	kraftlos	stark
	leer	erfüllt
	gleichgültig	mitfühlend
THYMUS	BEUNRUHIGT	RUHIG
	schwierig	leicht
	schwierig	anpassungsfähig
	zu viel Verant-	verantwortlich
	wortung	
	anstrengend	okay
	aufdrängelnd	akzeptiert
	vergeßlich	erinnernd
	vernachläßigt	umsorgt, mitfühlend
HERZ	UNSICHER	SICHER
	verbittert	Versöhnlichkeit
	untröstlich	geliebt
	nicht-geliebt	geliebt
	geschlagen	Erfolg
	griesgrämig	angenehm
	angeekelt	einfühlend
	vergessen	erinnert
AUGE	ÜBERWÄLTIGT	ERFOLGREICH
	überfordert	gekräftigt
	erschüttert	gefaßt
	verlassen	akzeptiert
	aufgegeben	eingeschlossen
	erfolglos	erfolgreich
	klammernd	eingestellt auf etwas
	sehnsüchtig	erfüllt
	sich sehnend	zufrieden
	unmotiviert	motiviert

ORGAN	NEGATIVE EMOTION	POSITIVE EMOTION
MAGEN	UNZUVERLÄSSIG	ZUVERLÄSSIG
	abstoßend	akzeptiert
	angewidert	geduldig
Magen-HCL	unzufrieden	zufrieden
Magen-HCL	ungeduldig	geduldig
	angewidert	angenehm
Pförtner des Magens	ärgerlich	anerkennend
Magenmund	ungehorsam	gehorsam
	auflehnend	akezptierend
	aufgeregt	ruhig
OHR	NICHT UNTER-STÜTZEND	UNTER-STÜTZEND
	kann nicht helfen	hilfreich
	schuldig	unschuldig
	abstoßend	akzeptabel
	abscheulich	hinreißend
	rachsüchtig	Versöhnlichkeit
	nicht-hilfsbereit	hilfsbereit
	unverantwortlich	verantwortlich
	desinteressiert	interessiert
	gelangweilt	begeistert
OHRSPEICHEL-DRÜSE/HIRNAN-HANGDRÜSE/MILZ	UNGLÜCKLICH	GLÜCKLICH
Ohrspeicheldrüse	griesgrämig	zustimmend
Ohrspeicheldrüse	streitsüchtig	zustimmend
Hypophysenvorder-lappen	enttäuscht	zufrieden
Pars Intermedia	Schmerz	Erleichterung
Hypophysenhinter-lappen	streitsüchtig	zustimmend

ORGAN	NEGATIVE EMOTION	POSITIVE EMOTION
Hypophysenhinter-lappen	starrsinnig	nachgiebig
Milz	mutlos	mutig
Milz	unbedeutend	bedeutend
Milz	wertlos	wertvoll
Milz	nutzlos	nützlich
Milz	verraten	behilflich sein

		HOFFNUNGS-
HARNBLASE	SINNLOS	VOLL, SICHER
	schlapp	erfrischt
	müde	ausgeruht
	befangen	bescheiden
	schüchtern	kühn
	vergeblich	nützlich
	verschwendet	erfüllt
	unmöglich	produktiv

BAUCHSPEICHEL-DRÜSE	ABGELEHNT	GEBILLIGT
Enzyme	Kummer	Freude
Enzyme	Bedauern, jammern	dankbar
Blutzucker	nicht akzeptiert	akzeptiert

	BESCHÄMT,	HILFSBEREIT/
SCHILDDRÜSE	GEDEMÜTIGT	GÜTIGKEIT
	angstvoll	mutig
	Schrecken	sicher
	nicht-respektiert	respektiert
	nicht-wert	wert
	defensiv	zuhören
	dumm	vernünftig
	lächerlich gemacht	Mitgefühl
	herabgesetzt	respektiert

ORGAN	NEGATIVE EMOTION	POSITIVE EMOTION
LEBER	BEKÜMMERT	ZUFRIEDEN
	hoffnungslos	vertrauend
	Verzweiflung	Vertrauen
	hilflos	mächtig
	unfähig	verständnisvoll
HYPOTHALAMUS	UNERWÜNSCHT	ANGENEHM
	nicht benötigt	benötigt
	nicht gewünscht	gewünscht
	Versagen	Erfolg
	Hunger	satt
	beraubt	gegeben/angeboten
	Durst	erfrischt
HAUT	UNBEHAGEN	HARMONISCH
	unangenehm	angenehm
	ängstlich	sicher
	erschreckt	Mut
	unheimlich	freundlich
	empfindlich	ruhig
	unruhig	ruhig
DÜNNDARM	NICHT GESCHÄTZT	GESCHÄTZT
	gezwungen	hilfsbereit
	verpflichtet	gewillt
	erzwungen	wünschenswert
	gezwungen	eifrig
	nicht gebend	kooperativ
	selbstsüchtig	selbstlos
DICKDARM	VERZWEIFELT	MILDE/MIT-LEIDVOLL
Colon ascendens	verzweifelt	hoffnungsvoll
Colon ascendens	einsam	befreundet

ORGAN	NEGATIVE EMOTION	POSITIVE EMOTION
Colon descendens	übergangen	eingeschlossen
Flexura hepatica coli	Neid	unterstützend
Flexura hepatica coli	Verlangen	zufrieden
Colon transversum	Zweifel	Gewißheit
Rektum	getrennt	vereint
Rektum	Barriere	klar
Sigmoid	entzweit	vereint
Colon descendens, Mitte	unbegreiflich	verstanden
Colon ascendens, Mitte	ratlos	fähig
Colon ascendens, oberer Teil	ausweglos	aufgeklärt

FORT-PFLANZUNG	BESORGT	SICHER/ZU-FRIEDEN
Brust	mißverstanden	respektiert
Klitoris, Penis	schmutzig	natürlich
Eierstöcke, Hoden	unfruchtbar	fruchtbar
Brust	unproduktiv	produktiv
Eierstöcke, Hoden	falsch beurteilt	respektiert
Eierstöcke, Hoden	desinteressiert	interesssiert
Eierstöcke, Hoden	frigide	warm
Prostata, Uterus	unerfüllt	erfüllt
Prostata, Uterus	unehrenhaft	nett
Prostata, Uterus	Unrecht	verstanden
Eierstöcke, Hoden	nicht anerkannt	akzeptiert
Eierstöcke, Hoden	nicht denkend	gedankenvoll
Eierstöcke, Hoden	gedankenlos	gedankenvoll
Eierstöcke, Hoden	lieblos	überlegt
Vagina, Penis	Lüge, Betrug	Wahrheit
Eierstöcke, Hoden	unfreundlich	freundlich

ORGAN	NEGATIVE EMOTION	POSITIVE EMOTION
NIERE	UNTREU	TREU
	beschämt, schuldig	standhaft
	aggressiv	sanft
	intolerant	tolerant
	Haß	Zuneigung
	widerwärtig	attraktiv
	Zorn	geduldig
	Ungerechtigkeit	Gerechtigkeit
NEBENNIERE/ NEBEN- SCHILDDRÜSE	BESORGT	FRIEDFERTIG
Nebennierenrinde	aufgeregt	ruhig
Nebennierenmark	frustriert	zufrieden
Nebenschilddrüse	besorgt	Vertrauen
Nebenschilddrüse	eifersüchtig	Vertrauen
Nebenschilddrüse	unterdrückt	Freiheit
Nebenschilddrüse	unterdrückt	ermutigen
Nebenschilddrüse	paranoid	sicher
Nebennierenmark	ausgenutzt	anerkannt
Nebennierenrinde	im Stich gelassen	getröstet
Nebennierenrinde	beunruhigt	stabil
Nebennierenrinde	besorgt	Vertrauen

Anhang 2

Wenn Sie erst einmal mit dem Muskeltest vertraut sind, können Sie damit beginnen, mit Hilfe von Affirmationen Streßbereiche oder Bereiche, die eine Hirnintegration erfordern, zu ermitteln. Viele Personen tun sich zunächst schwer dabei, sich geeignete Affirmationen auszudenken. Es verhält sich jedoch wie bei den meisten Künsten: je mehr man übt, desto fähiger und schneller wird man.

Aufgrund vieler Nachfragen unserer Klienten und Workshop-Teilnehmer enthält dieser Anhang eine Aufführung der für unsere Arbeit typischen Affirmationen.

Die ausgewählten Themen — Gewichtsverlust, Selbstachtung, schwere Krankheiten und Gewohnheitsveränderung — gehören zu denen, mit denen Sie sich am ehesten beschäftigen. Nach einigem Üben werden Sie feststellen, daß es relativ einfach ist, sich eigene Affirmationen für diese oder andere Themen auszudenken.

Bei den Affirmationen handelt es sich um Paare, deren Aussagen unterschiedlich verwendet werden.

I. Das *Umprogrammierungs-Statement* wird von der Testperson laut gesprochen; dann testet der Tester den Pectoralis major clavicularis auf der rechten oder linken Seite. Die Testperson wiederholt das Statement, und der Tester testet daraufhin den Muskel auf der anderen Seite. (a) Wenn nur ein Arm schwach wird, wird die Technik der Hirnintegration (Kapitel 9) eingesetzt. Die Arme werden daraufhin erneut getestet, während die Testperson das Statement wiederholt, um sich zu vergewissern, daß eine Gehirnintegration erzielt worden ist. (b) Wenn beide Arme durch das Statement geschwächt werden, soll die Testperson eine volle Augenrotation in jede Richtung ausführen, während sie das Statement leise (oder laut) spricht (Kapitel 4). Testen Sie dann wieder die Muskeln, um sich zu versichern, daß die Muskeln durch das Aussprechen der Statements nicht mehr geschwächt werden. Diese Umprogrammierungs-Statements scheinen entscheidend dazu beizutragen, jemanden von dem Einfluß zu befreien, den eine innere Einstellung auf ihn ausübt.

142

Sie werden bemerken, daß diese Statements negativ verfaßt sind, oft sogar mit doppelter Verneinung. Unsere Untersuchungen haben ergeben, daß dies die wirksamste Art der Formulierung ist. Da es sich hier um Umprogrammierungs-Statements handelt, müssen sie nur einmal verwendet werden. Verwenden Sie also die Statements nicht wie die normalen Affirmationen.

II. Die *positive Affirmation* wird getestet und, falls notwendig, eine Korrektur mit Hilfe der beschriebenen Techniken der Gehirnintegration und/oder Augenrotation vorgenommen. Es ist günstig, mit jeder dieser Affirmationen täglich weiterzuarbeiten, vielleicht drei oder vier auf einmal, wenn sie besonders wichtig erscheinen. Ebenso wie die Natur verabscheut auch der Geist ein Vakuum. Die positive Affirmation ersetzt den limitierenden Glauben, der durch die Umprogrammierungs-Statements beschrieben wird.

Durch Verwendung von Alu-Folie unter den Fersen und auf der Mitte der Stirn beim Testen und Korrigieren der Statements kann die Effektivität dieses Vorgehens noch gesteigert werden.

Viel Spaß!

Affirmationen und Statements für Gewichtsabnahme

Positive Affirmationen	Umprogrammierungs-Statements
Ich esse, um zu leben.	Ich lebe nicht länger, um zu essen.
Ich glaube, ich kann Gewicht verlieren.	Ich glaube nicht länger, daß ich kein Gewicht verlieren kann.
Ich will Gewicht verlieren.	Ich will nicht länger kein Gewicht verlieren.
Ich mag meinen Körper.	Ich hasse meinen Körper jetzt nicht mehr länger.

Positive Affirmationen	Umprogrammierungs-Statements
Ich kann einen perfekten Körper haben.	Ich glaube nicht länger, daß ich keinen perfekten Körper haben kann.
Ich kann schlank sein.	Ich glaube nicht länger, daß ich nicht schlank sein kann.
Mein(e) _____ kann schlank sein.	Ich glaube nicht länger, daß mein(e) _____ nicht schlank sein kann.
Alles, was ich esse, nährt meinen Körper.	Ich glaube nicht, daß alles, was ich esse, zu Gewichtszunahme führt.
Ich kann jede beliebige Menge Nahrung essen, ohne zuzunehmen.	Die Menge Nahrung, die ich esse, beeinflußt nicht länger mein Gewicht.
Ich kann _____ essen, ohne zuzunehmen.	_____ bewirkt nicht länger Gewichtszunahme.
Ich kann mein perfektes Gewicht auch halten, wenn ich in Urlaub bin.	Ich nehme nicht länger zu, wenn ich in Urlaub bin.
Ich verdiene es, Gewicht zu verlieren.	Ich glaube nicht länger, daß ich es nicht verdiene, Gewicht zu verlieren.
Ich bin einer guten Figur würdig.	Ich glaube nicht länger, daß ich einer guten Figur nicht würdig bin.
Andere glauben, daß ich eine gute Figur haben kann.	Ich glaube nicht länger, daß andere denken, ich könne keine gute Figur haben.
Ich kann schlank sein, auch	Ich bin nicht übergewichtig

Positive Affirmationen	Umprogrammierungs-Statements
wenn meine Mutter/Schwester/mein Vater übergewichtig ist.	wie meine Mutter/Schwester/mein Vater etc.
Es ist schön, wenn Männer/Frauen meinen Körper attraktiv finden.	Ich habe nichts dagegen, wenn Männer/Frauen meinen Körper attraktiv finden.
Ich mag mich.	Ich habe keine Abneigung gegen mich.
Ich liebe mich (bedingungslos).	Ich hasse mich nicht mehr länger.
Ich kann meine Eßgewohnheiten kontrollieren.	Ich glaube nicht länger, daß ich meine Eßgewohnheiten nicht kontrollieren kann.
Ich esse, wenn es notwendig ist.	Ich muß nicht länger essen, um mich zu trösten.
Ich esse, wenn ich gute Laune habe.	Ich muß nicht länger essen, wenn ich deprimiert bin.
Es ist in Ordnung, wenn ich hungrig bin.	Ich fühle mich nicht länger benachteiligt, wenn ich hungrig bin.
Ich bin begeistert davon, Gewicht zu verlieren.	Ich bin nicht länger nicht begeistert davon, Gewicht zu verlieren.
Mir macht es Spaß, Gewicht zu verlieren.	Ich hasse es nicht länger, Gewicht zu verlieren.
Ich kann das Gewicht, das ich erreicht habe, halten.	Ich nehme nicht mehr zu, was ich an Gewicht verloren habe.

Positive Affirmationen	Umprogrammierungs-Statements
Ich glaube, ich kann Gewicht ohne Diät verlieren.	Ich brauche nicht länger eine Diät, um Gewicht zu verlieren.
Ich kann ein perfektes Gewicht halten.	Ich habe nicht länger Angst davor, zuzunehmen.
Ich komme gut aus, ohne meine Körperfülle zu gebrauchen, um Leute auf Distanz zu halten.	Es ist nicht nötig, meine Körperfülle zu gebrauchen, um Leute auf Distanz zu halten.
Ich fühle mich sicher, ohne daß ich Fett als Schutzschicht benötige.	Ich benötige nicht länger Fett als Schutzschicht.
Ich komme gut aus, ohne mich mit meiner Körperfülle meiner Kraft zu versichern.	Meine Körperfülle bestimmt nicht meine Kraft.
Männer/Frauen sind für alles gut.	Ich glaube nicht länger, daß Männer/Frauen für nichts gut sind.
Ich bin an Männern/Frauen interessiert.	Ich habe nicht länger kein Interesse an Männern/Frauen.
Ich habe eine gute Meinung von Männer/Frauen, weil sie für alles gut sind.	Ich habe nicht länger eine schlechte Meinung von Frauen/Männern, wenn sie für alles gut sind.

Wir haben herausgefunden, daß es für die optimalen Stoffwechselfunktionen besonders wichtig ist, daß folgende Wörter balanciert sind (klar auf *allen* Ebenen).

    Interessiert   Motiviert   Begeistert

Selbstachtungs-Affirmationen und Statements

Positive Affirmation	*Umprogrammierungs-Statements*
Ich mag mich.	Ich habe nicht länger eine Abneigung gegen mich.
Ich liebe mich.	Ich hasse mich nicht länger.
Ich liebe mich bedingungslos.	Ich liebe mich nicht länger bedingt.
Ich akzeptiere mich.	Ich lehne mich nicht länger ab.
Ich fühle mich von anderen akzeptiert.	Ich fühle mich nicht länger von anderen nicht akzeptiert.
Ich habe eine hohe Selbstachtung.	Ich habe nicht länger eine niedrige Selbstachtung.
Ich bin eine ausgeglichene Person.	Ich bin nicht länger introvertiert oder extrovertiert.
Ich fühle mich gut bei dem Gedanken, wer ich bin.	Ich fühle mich nicht länger schlecht bei dem Gedanken, wer ich bin.
Ich kann ich selbst sein.	Ich muß nicht länger nicht ich selbst sein.
Ich verdiene Lob, Bewunderung und Respekt.	Ich sehe mich nicht länger als jemand, der Lob, Bewunderung und Respekt nicht verdient.
Meine Identität ist sicher, wenn andere mit mir nicht übereinstimmen.	Meine Identität ist nicht bedroht, wenn andere nicht mit mir übereinstimmen.

Positive Affirmationen	Umprogrammierungs-Statements
Ich akzeptiere Kritik als einen Akt der Liebe.	Ich muß nicht länger Kritik als Herabsetzung betrachten.
Ich habe Einfühlungsvermögen gegenüber anderen.	Ich muß nicht länger Mitgefühl gegenüber anderen Leuten empfinden, sondern Einfühlungsvermögen.
Ich akzeptiere, daß sich andere Leute von mir unterscheiden.	Ich glaube nicht länger, daß andere so wie ich sein sollten.
Ich kann mich als unvollkommen akzeptieren.	Ich muß nicht länger perfekt sein.
Man schätzt mich.	Ich glaube nicht länger, daß man mich nicht schätzt.
Ich fühle mich geliebt und akzeptiert, ob ich allein bin oder nicht.	Ich fühle mich nicht länger nicht geliebt und nicht akzeptiert, wenn ich allein bin.
Ich bin ein Gewinner.	Ich muß nicht länger denken, daß ich kein Gewinner bin.
Es geht mir gut, ohne zu glauben _____, wenn man mich kritisiert.	Ich glaube nicht länger _____, wenn man mich kritisiert.
Ich fühle mich gut, ohne mich selbst zu kritisieren.	Ich muß mich nicht länger selbst kritisieren.
Ich bin erfolgreich.	Ich glaube nicht länger, daß ich nicht erfolgreich bin.
Ich fühle mich gut, ohne die anderen beeindrucken zu müssen.	Ich muß nicht länger die anderen beeindrucken.

Positive Affirmationen	*Umprogrammierungs-Statements*
Ich kann meine Gefühle mitteilen.	Ich muß nicht länger denken, daß ich meine Gefühle nicht mitteilen kann.
Ich fühle mich gut, ohne immer rechthaben zu müssen.	Ich muß nicht länger immer rechthaben.
Ich fühle mich gut, ohne alle zufriedenstellen zu müssen.	Ich muß nicht länger denken, daß ich alle zufriedenstellen muß.
Ich fühle mich glücklich und ausgefüllt.	Ich fühle mich nicht länger unglücklich und unausgefüllt.
Ich fühle mich gut, wenn ich die Dinge nicht zu ernst nehme.	Ich muß nicht länger die Dinge zu ernst nehmen.
Ich nehme das Beste an.	Ich nehme nicht länger das Schlimmste an.
Ich fühle mich gut, ohne mir die Schuld zu geben.	Ich bin nicht schuld.
Ich fühle mich gut, ohne ständig Herr „Immernett" sein zu müssen.	Ich muß nicht länger Herr „Immernett" sein.
Ich empfinde mich als gut genug.	Ich muß mich nicht länger als nicht gut genug fühlen.
Ich möchte mich ausdrücken.	Ich möchte mich nicht länger nicht ausdrücken.

Affirmationen und Statements für schwere Krankheiten

Positive Affirmation	Umprogrammierungs-Statements
Ich möchte gesund werden.	Ich möchte nicht länger nicht gesund werden.
Ich möchte leben.	Ich möchte nicht länger nicht den Wunsch haben zu leben.
Ich glaube, ich werde gesund.	Ich glaube nicht länger, daß ich nicht gesund werde.
Andere glauben, daß ich gesund werde.	Ich glaube nicht länger, daß andere nicht denken, daß ich gesund werde.
Ich habe eine positive Einstellung.	Ich habe nicht länger eine negative Einstellung.
Ich fühle mich gut, ohne durch Krankheit die Aufmerksamkeit auf mich lenken zu müssen.	Ich verwende Krankheit nicht als Mittel, die Aufmerksamkeit auf mich zu lenken.
Ich möchte mich ausdrücken.	Ich habe nicht länger nicht den Wunsch, mich auszudrücken.
Ich fühle mich gut, ohne Labilität fürchten zu müssen.	Ich muß nicht länger Labilität fürchten.
Ich fühle mich gut, ohne mir die Schuld zu geben.	Ich bin nicht schuld.
Ich nehme das Beste an.	Ich nehme nicht länger das Schlimmste an.

Positive Affirmationen	Umprogrammierungs-Statements
Ich akzeptiere, daß ich unvollkommen bin.	Ich erwarte nicht länger, daß ich perfekt bin.
Ich fühle mich glücklich und ausgefüllt.	Ich fühle mich nicht länger unglücklich und unausgefüllt.
Ich kann mich zufrieden fühlen, egal wie mein Zustand ist.	Ich bin nicht länger unzufrieden mit meinem Zustand.
Ich fühle mich gut, ohne daß die Aufmerksamkeit auf mich gerichtet sein muß.	Ich muß nicht länger die Aufmerksamkeit auf mich lenken.
Ich fühle mich gut, ohne fürchten zu müssen, Leute im Stich zu lassen.	Ich fürchte nicht länger, Leute im Stich zu lassen.
Ich bin gewillt, einen Teil zu akzeptieren, auch wenn ich nicht alles haben kann.	Ich muß nicht länger alles haben, sondern kann einen Teil akzeptieren.
Ich besitze die Fähigkeit, erfolgreich zu sein.	Ich sehe mich nicht länger als unfähig, erfolgreich zu sein.
Ich kann meine Gefühle mitteilen.	Ich glaube nicht länger, daß ich meine Gefühle nicht mitteilen kann.
Ich bin stärker als meine Krankheit.	Meine Krankheit ist nicht stärker als ich.
Ich habe Hoffnung für die Zukunft.	Mir mangelt es nicht länger an Hoffnung für die Zukunft.

Affirmationen und Statements für Gewohnheitsänderungen

Ich glaube, ich kann
_____ aufgeben.

Ich möchte _____
aufgeben.

Ich fühle mich zufrieden ohne
_____.

Ich kann _____ aufgeben,
auch wenn meine Freunde weitermachen.

Ich fühle mich sicher bei der
Entscheidung, wie ich mich
verhalte.

Ich fühle mich gut, ohne Verlangen nach _____ zu
haben.

Ich habe Kontrolle über die
Gewohnheit; die Gewohnheit
kontrolliert nicht mich.

Mein Körper fühlt sich gut,
ohne daß er _____ be-
nötigt.

*Umprogrammierungs-
Statements*

Ich glaube nicht länger, daß
ich _____ nicht aufge-
ben kann.

Ich habe nicht länger nicht
den Wunsch, _____ auf-
zugeben.

Ich fühle mich nicht länger
unzufrieden ohne

_____.

Ich glaube nicht länger, ich
kann _____ nicht aufge-
ben, wenn meine Freunde
weitermachen.

Ich fühle mich nicht länger
unfähig zu entscheiden, wie
ich mich verhalte.

Ich habe nicht länger Verlangen nach _____.

Ich habe nicht länger das Gefühl, die Gewohnheit hat
Kontrolle über mich.

Mein Körper benötigt nicht
länger _____.

Positive Affirmationen	Umprogrammierungs-Statements
Ich fühle mich sicher ohne _____.	Ich fühle mich nicht länger unsicher ohne _____.
Ich fühle mich gut genug ohne _____.	Ich fühle mich nicht länger nicht gut genug ohne _____.
Ich kann mit dieser Gewohnheit brechen.	Ich glaube nicht länger, daß ich mit dieser Gewohnheit nicht brechen kann.
Ich fühle mich gut ohne _____, aus Rebellion gegen die Eltern.	Ich muß nicht länger _____, aus Rebellion gegen die Eltern.
Ich kann Dinge aufgeben.	Ich weigere mich nicht länger, Dinge aufzugeben.
Ich fürchte nicht, Leute im Stich zu lassen.	Ich fürchte nicht länger, Leute im Stich zu lassen.
Ich weiß, ich kann nicht alle zufriedenstellen.	Ich muß nicht länger alle zufriedenstellen.
Ich besitze die Fähigkeit, erfolgreich zu sein.	Ich muß mich nicht länger unfähig fühlen, erfolgreich zu sein.
Ich fühle mich gut, ohne daß ich andere beeindrucken muß.	Ich glaube nicht, daß ich andere beeindrucken muß.
Ich, _____ , bin eine Person, der es gut geht ohne _____.	Ich, _____, bin eine Person, die nicht länger _____.

Literaturverzeichnis

Abrahamson, E. and Pezet, A. „Body, Mind and Sugar." New York: Pyramid, 1971.

Airola, Paavo. „Are You Confused?" Phoenix: Health Plus, 1971.

Airola, Paavo. „How to Get Well." Phoenix: Health Plus, 1974.

Airola, Paavo. „How to Keep Slim, Healthy and Young with Juice Fasting." Phoenix: Health Plus, 1971.

Airola, Paavo. „Hypoglycemia: A Better Approach." Phoenix: Health Plus, 1977.

Bailey, Covert. „Fit or Fat." Boston: Houghton Mifflin, 1977.

Biokinesiology Institute. „Allergies: How to Find and Conquer." East Longmeadow, Massachusetts: Celecom, 1980.

Biokinesiology Institute. „Emotions Can Heal." U.S.A.: Quicksilver Printers, 1978.

Biokinesiology Institute. „How to Take Care of Yourselves Naturally." U.S.A.: Harmon Press, 1977.

Biokinesiology Institute. „Muscle Test Your Way to Health." U.S.A., 1982.

Biokinesiology Institute. „Which Vitamin, Which Herb Do I Need?" Costa Mesa, Calif.: Product of Information Systems, 1979.

Carnegie, Dale. „How to Stop Worrying and Start Living." Simon & Schuster, 1948.

Cheraskin, E., Ringsdorf, W.M. Jr., and Brecher, Arline. „Psychodietetics." New York: Batham, 1976.

Coca, Arthur F. „Familial Nonreaginic Food Allergy." Springfield, Ill.: Charles C. Thomas, 1945.

Cooper, Kenneth. „Aerobics." New York: M. Evans, 1968.

Cousins, Norman. „Anatomy of an Illness." New York: Norton, 1979.

Diamond, John. „Der Körper lügt nicht." Verlag für Angewandte Kinesiologie, Freiburg, 1983.

Dufty, William. „Sugar Blues." New York: Warner Books, 1975.

Fischman, Walter, and Grinims, Mark. „MRT." New York: Richard Marek, 1979.

Fix, James. „The Complete Book of Running." New York: Random House, 1977.

Friedman, Meyer, and Rosenman, Ray. „Type A Behavior and Your Heart." New York: Knopf, 1974.

G-Jo Institute. „The G-Jo Institute Stop Smoking Soon Program." Hollywood, Florida, 1980.

Graunke, D. Paul.„The Dilemma of Drugs." Pasadena, Calif.: Ambassador College Press, 1976. (Available free by writing to P.O. Box 111, Pasadena, California 91123).

Hay, Louise L. „Heile Deinen Körper." Verlag Alf Lüchow, Freiburg 1983.

Holmes, T. H., and Rahe, R. H. „The Social Readjustment Scale." "Journal of Psychosomatic Research." 11:213-218, 1967.

Joekel, Nancy. „Taking Stress in Stride." Carmel, Calif. New Options, 1980.

Lappe, Frances. „Diet for a Small Planet." New York: Ballatine, 1971.

LeShan, Lawrence. „You Can Fight for Your Life." New York: Evans, 1977.

Mandell, Marshall and Scanlon, Lynn Walker. „Dr. Mandell's 5-day Allergy Relief System." New York: Thomas Y. Cromell, 1979.

McQuade, W., Aikman, A. „Stress. What It Is, What It Can Do to Your Health, How to Fight Back." New York: E. P. Dutton, 1974.

Oyle, Irving. „The Healing Mind." Millbrae, Calif. Celestial Arts, 1975.

Oyle, Irving. „The New American Medicine Show." Santa Cruz, Calif.: Unity Press, 1979.

Pelletier, Kenneth. „ Mind as Healer, Mind as Slayer: A Holistic Approach to Preventing Stress Disorders." New York: Delta, 1977.

Pritikin, Nathan, Leonard, Jon N.: and Hofer, J. L. „Live Longer Now: The First One Hundred Years of Your Life." New York: Grosset and Dunlap, 1974.

Pritikin, Nathan, with McGrady, Jr., Patrick M. „The Pritikin Program for Diet and Exercise." New York: Bantham, 1980.

Randolph, Theron G., and Moss, Ralph W. „An Alternative Approach to Allergies." New York: Lippincott & Crowell, 1980.

Schauss, Alexander. „Diet, Crime and Delinquency." Berkeley, Calif.: Parker House, 1980.

Schindler, John A. „How to Live 365 Days a Year." Englewood Cliffs, N. J.: Prentice-Hall, 1959.

Schwartz, Jackie. „Letting Go of Stress." New York: Pinnacle Books, 1982.

Select Committee on Nutrition and Human Needs, U.S. Senate. „Eating in America: Dietary Goals for the United States." Cambridge, Massachusetts: The MIT Press, 1977.

Selye, Hans. „Stress Without Distress." New York: Signet, 1974.

Selye, Hans. „The Stress of Life." New York: McGraw-Hill, 1976.

Shealy, C. Norman. „Ninety Days to Self-Health." New York: Bantam, 1978.

Simonton, Carl and Stephanie. „Getting Well Again." Los Angeles: Tarcher, 1978.

Stokes, Gordon and Whiteside, Daniel. „One Brain." Burbank, Calif.: Three in One Concepts, !984.

Tauraso, Nicola M., and Batzler, L. Richard. „How to Benefit from Stress." Frederick, Maryland, 1979.

Thie, John F., and Marks, Mary. „Gesund durch Berühren." Sphinx Verlag, Basel 1983.

Topping, Wayne W. „Balancing the Body's Energies." Bellingham, Washington: 1983. („Körperenergien in der Balance". Verlag für Angewandte Kinesiologie, Freiburg vorauss. Herbst 1986)

Topping, Wayne W. „Biokinesiology Workbook." Bellingham, Washington: Topping International Institute, 1985.

Williams, Roger J. „Alcoholism: The Nutritional Approach." Austin: University of Texas Press, 1972.

Yudkin, John. „Sweet and Dangerous." New York: Bantam, 1973.

Milton Ward:
Den Schmerz nutzbar
machen

ca. 110 Seiten,
Paperback
ca. 24,– DM/sFr.
ISBN 3-924077-23-1
Erscheint Herbst 1991

Schmerz, diese von den meisten Menschen gefürchtete Erfahrung, ist in Wirklichkeit ein großes Geschenk: Er führt uns zu körperlichem, geistigem, seelischem und spirituellem Wohlergehen. Schmerz ist nicht nur ein Warnsystem, er ist auch ein zuverlässiger Führer, der uns jederzeit sagt, wie wir unsere Probleme überwinden können. Eine gute Einführung in ganzheitliches Bewußtsein.

232 Seiten, 47 Illustrationen, Paperback, 34,– DM/sFr. ISBN 3-924077-11-8

Dieses Buch beschreibt eine völlig neue Selbsthilfemethode, die Ihre eigene Körperenergie nutzt, um Sie von Allergien zu befreien. Gleichzeitig können Sie auch die Verträglichkeit bestimmter Nahrungsmittel und anderer Substanzen erhöhen. Dr. Jimmy Scott berichtet, wie er in langjähriger Erprobung ca. 90 Prozent seiner Patienten mit der Allergieklopftechnik heilen konnte.

Diese Methode kombiniert Muskeltests und das Klopfen bestimmter Akupunkturpunkte. Mit Hilfe von Ersatzpersonen können auch Kleinkinder, schwerkranke und gebrechliche Menschen und sogar Haustiere von Allergien befreit werden.

Besonders anwenderfreundlich: der systematisch gegliederte Abbildungsteil mit genauen Anleitungen zu den Techniken und der Anhang mit einer Kurzfassung des Verfahrens, einer Übersicht über die Energiereflexpunkte und einer Nahrungsmittel-Checkliste für das Aufdecken von Allergien.

4. Auflage, 276 Seiten, 38 Fotos und Illustrationen, gebunden, 35,– DM/sFr. ISBN 3-924077-02-9

Das *Institut für Angewandte Kinesiologie* in Freiburg veranstaltet laufend Kurse in Edu-Kinesthetic, Touch for Health (Gesund durch Berühren) und den unterschiedlichen Bereichen der Angewandten Kinesiologie. Das Institut ist ständig bemüht, durch engen Kontakt mit den Pionieren der Methode aus dem Ursprungsland, den Vereinigten Staaten, die neuesten Forschungen in den Entwicklungen auf dem Bereich der Angewandten Kinesiologie zu integrieren. Ein weiteres Anliegen ist die Veröffentlichung von Literatur zum Thema, um eine möglichst große Verbreitung der Angewandten Kinesiologie auch im deutschsprachigen Raum zu ermöglichen.

Wer an der Arbeit des Instituts interessiert ist, kann kostenlose Unterlagen anfordern über die folgende Adresse:

INSTITUT FÜR ANGEWANDTE
KINESIOLOGIE FREIBURG
Zasiusstraße 67, D-7800 Freiburg
Telefon 07 61/7 27 29